스펄전의
기도레슨

Sermons of Prayer by Charles H. Spurgeon

- 일러두기
1. 이 책에 사용된 성경은 개역개정판 성경입니다.
2. 특별한 경우 이외에는 영어식 표기를 생략했습니다.

찰스 스펄전 지음 | 유재덕 옮김

Sermons of Prayer by Charles H. Spurgeon

스펄전의
기도레슨

샘솟는
기쁨

책머리에

스펄전의 기도에 관한 경험, 성찰 그리고 조언

우리는 어느 때보다 기도를 절실히 필요로 하는 순간에 살고 있다. 간단하지 않은 삶의 무게나 코앞을 가늠하기가 쉽지 않은 지금의 상황은 역설적으로 기도의 중요성을 일깨운다.

기도에 힘쓰지 않을 수 없고, 기도를 통해 하나님의 도움과 능력을 받아야 하는 우리에게 기도가 무엇인지 가르쳐 줄 수 있는 인물과 글이 절실한 것도 그 때문이다.

혼란스런 시대를 사는 우리에게 말초적 자극이나 헛된 기대를 품지 않게 하는 진정한 기도의 안내자가 필요하다. 어떤 경우에도 삶의 무게에 눌리지 않고 용기를 내서 기도에 정진하게 하는 깊은 울림이 필요하다.

기독교 역사를 보면 이런 요구에 부응하는 인물들이 있다. 대표적으로 찰스 스펄전(Charles Haddon Spurgeon, 1834-1892)을 꼽을 수 있다. 스펄전은 설교의 왕자라고 불리기도 하지만, 기도의 능력을 의심하지 않은 진정한 기도의 사람이었다.

그는 열여섯 살에 첫 설교를 했고, 두 해 지나서 목사로 임명되었다. 다시 두 해 뒤에 당시 런던에서 가장 큰 뉴파크스트리트 교회에 초빙된 스펄전은 뛰어난 말과 글로 직접 경험한 신앙의 세계를 거침없이 소개했다.

런던의 메트로폴리탄 교회를 담임하면서 평생 1천만 명이 넘는 교인들을 상대로 설교하고, 설교 사역자를 길러내는 학교와 고아원을 운영했을 뿐 아니라 헤아리기 어려울 만큼 설교문을 집필하였으며, 문서선교에도 열중했다. 크고 작은 어려움이 따라다녔지만 스펄전은 어려움을 기도로 극복했다.

그리스도인이 포기하지 않고 무릎을 꿇고 간구할 때 지옥은 더 이상 힘을 발휘하지 못한다. 스펄전의 기도에 대한 말이다.

사랑하는 형제들이여, 기도하자. 우리 모두 논쟁할 수 없으나 우리 모두 기도할 수 있다. 우리 모두 지도자가 될 수 없으나 우리 모두 기도의 사람이 될 수 있다. 우리 모두 현란한 수사를 구사할 수 없으나 우리 모두 강력하게 기도할 수 있다. 얼마 지나지 않아서 여러분은 사람보다 하나님을 더 빨리 감동시키게 될 것이다. 기도는 영원한 분, 전능한 분, 무한한 분과 우리를 하나로 엮어 주기에 무엇보다 먼저 의지해야 한다.… 여러분이 하나님과 함께하고 있다는 것을 확신하면, 하나님이 여러분과 함께하신다는 것을 확신하게 될 것이다.

스펄전은 공적인 장소는 물론 가정에서도 기도의 모범을 실천하는 삶을 살았다. 스펄전이 평소 무엇보다 강조하던 진정한 목회자의 모습이기도 했다. 언젠가 주변의 동료들이 목회에 전념하느라고 가족들의 신앙을 제대로 챙기지 못한다는 것을 알게 된 그는 이런 충고를 건네기도 했다.

목회자는 한 사람의 남편이자 아버지로서 기도해야 한다. 목회자는 가정예배를 통해 교인들에게 모범을 보여 주어야 한다.

그는 표현할 수 없을 정도로 분주한 나날을 보내면서 가족과 함께하는 기도 시간을 잊은 적이 없었다. 즐거운 식사를 함께하고 나서 하나님에게 가족을 대신해서 간절히 기도하는 가장에 대해 스펄전의 아내와 아이들은 커다란 감동을 받았다. 그의 아내는 그 경험을 이렇게 소개했다.

식탁에서 함께 나누는 대화는 즐겁고 재치가 넘치고 늘 흥미

진진했다. 식사를 마치면 가정예배를 드렸다. 이때 사랑스런 아이들과 그들의 영적 갈망과 철저한 헌신을 간구하는 남편의 기도는 감동적이었다. 남편은 어린아이가 사랑스런 아버지에게 나가듯이 하나님에게 안기는 것 같았고, 우리 가족은 그가 주님과 얼굴을 마주하고 대화할 때 감동을 받아서 눈물이 날 때도 있었다.

스펄전은 함께 드리는 기도의 능력을 신뢰했다. 언젠가 스펄전의 건강이 갑자기 악화되어 몸져누운 적이 있었다. 그러자 스펄전은 교인들에게 자신의 건강이 회복될 수 있도록 한자리에 모여 함께 기도해 달라고 손수 편지로 부탁했다.

교회가 나를 위해 기도 모임을 갖는다면 얼마 지나지 않아서 자리에서 일어날 것입니다. 수많은 이들이 나를 위해 기도한다는 것을 알고 있지만, 교회라면 마땅히 그래야 하는 것 아닙니까?

교인들은 스펄전의 제안을 받아들여 기도 모임을 시작했고, 얼마 지나지 않아 그 결과를 확인할 수 있었다. 스펄전은 기도 모임의 결과에 대해 교인들에게 공개했다.

사랑하는 형제들이 나를 위해 기도 모임을 시작하기로 결의하자마자 급속히 몸이 회복되기 시작했습니다.… 수요일 기도 모임에 대해 주님의 이 말씀이 성취되었다고 말할 수 있습니다.

"그들이 부르기 전에 내가 응답하겠고 그들이 말을 마치기 전에 내가 들을 것이며"(사 65:24)

이 모든 선하심 때문에 여러분이 진정으로 나와 하나가 되어 우리 하나님에게 진심으로 감사할 수 있기를 기도합니다.

이처럼 스펄전은 기도의 모범을 보인 기도의 사람이었다.

이 책 『스펄전의 기도 레슨』에는 그의 기도에 관한 경험과 성찰, 그리고 조언이 담겨 있다. 진정한 기도의 멘토를 찾고 있거나 기도에 관한 실제적인 지혜와 정보를 구하고 있다면 이 책을 권한다.

스펄전은 기도에 대해 막연하거나 근거 없는 주장을 늘어놓지 않는다. 일관되게 하나님의 말씀에 기초하여 기도에 관한 우리의 생각을 바로잡는 길라잡이 역할을 하고 있다.

기도하는 사람이 많더라도 진정한 기도의 사람을 만나기 어렵고, 기도를 주제로 한 글들이 넘쳐나지만 영혼을 일깨우기 어려운 지금이기에, 스펄전의 글이 한밤의 등불처럼 형형한 이유일 것이다.

  이 책을 우리말로 옮기면서 경험한 영적 도전과 은혜가 독자에게 그대로 전해지길 기대한다.

옮긴이 유재덕

차례

책머리에

스펄전의 기도에 관한 경험, 성찰 그리고 조언

1. 존귀함을 누린 야베스처럼
   진정으로 복을 주시려거든 _15
   하나님의 축복과 인간의 축복 _21
   일시적인 축복을 분별하라 _24
   허구적인 축복에서 벗어나라 _33
   주님이 무엇을 하시든지 _44

2. 고난을 극복하는 다윗의 기도
   소리 내어 주께 부르짖으며 _49
   죄책감에 시달리는 영혼에게 _52
   고난을 겪는 그리스도인을 위하여 _60
   성숙한 그리스도인의 기도 _67

3. 기도, 솔로몬에게서 배우라
   기도의 본질 _79_
   기도에 적합한 곳 _83_
   기도의 목적 _93_
   기도에 대한 확신과 응답 _97_
   기도의 특별한 적용 _105_

4. 축복을 누리는 욥의 기도
   효과적인 기도, 하나님을 발견하기 _111_
   거리를 두지 않고 하나님에게 호소하기 _116_
   변론으로 입을 채우기 _126_

5. 거장에게 배우는 기도의 비밀

　　응답받는 기도의 4가지 특징 _147

　　죄를 낱낱이 고백하는 기도 _149

　　믿음을 변론하는 기도 _160

　　나는 가난하고 궁핍하오니 _170

　　하나님을 붙잡는 기도 _173

6. 환난 날에 주님을 부르라

　　내가 너를 건지리니 _183

　　하나님 앞에 바로 서라 _186

　　역경의 유익을 누려라 _194

　　약속하신 대로 행하신다 _199

　　하나님께 합당한 영광을 돌려라 _207

부록

스펄전의 신앙 고백 바라보라 해서 보았더니 _214

스펄전의 삶과 사랑 먼저 기도 훈련을 하라 _219

1

존귀함을 누린 야베스처럼

야베스가 이스라엘 하나님께 아뢰어 이르되 주께서 내게 복을 주시려거든 나의 지역을 넓히시고 주의 손으로 나를 도우사 나로 환난을 벗어나 내게 근심이 없게 하옵소서 하였더니 하나님이 그가 구하는 것을 허락하셨더라 _대상 4:10

야베스가 이스라엘 하나님께 아뢰어 이르되 주께서 내게 복을 주시려거든 나의 지역을 넓히시고 주의 손으로 나를 도우사 나로 환난을 벗어나 내게 근심이 없게 하옵소서 하였더니 하나님이 그가 구하는 것을 허락하셨더라 _대상 4:10

진정으로 복을 주시려거든

야베스(Jabez)에 관해 그다지 알려진 게 없다. 형제들 중 누구보다 존귀했고, 어머니가 모진 산고를 치루고 낳은 아들이라고 하여 '야베스'라는 이름을 얻었다는 게 고작이다.

더없는 고통이 지나고 나면 더없는 즐거움이 찾아올 때가 있다. 슬픔은 즐거움을 예고하기도 한다. 엄청난 폭풍이 몰아치고 나면 밝은 햇살을 비추듯이 눈물로 지새운 밤이 지나면 행복한 아침이 찾아오는 법이다. 윌리엄 쿠퍼(William Cowper)는 '슬픔의 길, 오직 그 길이 슬픔이 없는 곳으로 안내한다'고 했다.

우리는 즐겁게 추수하려면 힘겹게 씨를 뿌려야 한다는 사실을 잘 알고 있다. 어려움과 낙심은 우리 영혼에 고통을 안겨 주지만 극심한 슬픔이 더없이 소중한 것으로 바뀔 때가 있다.

고통의 어원은 갈급해 한다는 의미에서 '슬픔의 아들'이라는 뜻의 '베노이'라고 하지만, 신앙은 '내 힘의 아들' 즉 행운아(창 35:18)라는 의미를 가진 '베냐민'이라고 한다. 어떤 절망이라고 하더라도 감당할 수만 있다면 하나님의 축복을 기대할 수 있다는 것이다. 따라서 어머니가 심한 산고 끝에 낳은 자식은 다른 형제보다 더 소중할 수 있다.

야베스는 기도의 사람이었다. 만일 그가 힘겨운 경쟁에서 정당한 승리를 거두지 못했다면 존귀함을 누리지 못했을 것이다. 그가 거둔 성공의 비결은 믿음이었다. 하나님이 주시는 존귀함, 즉 섬김을 인정하는 은총은 그 어디에도 비길 수 없다. 야베스는 삶의 목적이 분명했으며, 그의 이름은 널리 알려지고 오랫동안 기억되고 있다.

배가 고향에 도착하기까지 오랜 시간이 걸린다. 지나치게 적재된 화물이 속도를 더디게 하기 때문이다. 그러나 그 짐이 항구에 도착하면 더 크게 인정받는다.

잊을 수 없는 기도의 밤이 지나고 야곱에게 이스라엘이라는 또 다른 이름이 주어졌을 때 그는 고귀한 지위까지 함께 얻을 수 있었다. 어떤 왕으로부터 귀한 대접을 받았다고 하더라도 이보다 더할 수는 없을 것이다.

이처럼 사람은 하나님과 교제할 때 더할 수 없는 존귀함을 누리게 된다. 야베스 역시 다른 형제보다 존귀했다. 형제보다 기도에 힘썼다는 것을 증명이라도 하듯이 그의 기도는 곧바로 기록되었고, 그가 간구한 내용을 우리가 알게 되었다.

그의 기도는 줄곧 뜻깊고 교훈적이었다. 그 가운데 한 구절을 살펴보면, 그것만으로도 나머지를 이해하는 데 부족함이 없을 정도이다.

"주께서 진정으로 내게 복을 주시려거든"('진정으로'는 우리말 성경에서 생략되었지만, 여기서 열쇠 구실을 하기에 영어 성경의 번역을 따른다-옮긴이) 이라는 이 기도를 여러분이 따라 했으면 좋겠다. 그것은 시기와 관계가 없다. 그리스도인의 삶을 시작하고 끝맺을 수 있는 기도이다. 기쁠 때나 슬플 때나 적절한 기도이다.

"이스라엘의 하나님, 계약의 하나님이여, 진정으로 내게 복을 주소서!"

"진정으로"라는 표현에 기도의 핵심이 자리 잡고 있다. 축복은 다양할 것이다. 어떤 것들은 명목상의 축복에 불과해서, 그것은 우리의 기대를 잠시 만족시켰다가도 영원히 꺾어 버리기도 한다. 보기에 그럴 듯하지만 뻔하게 만든다. 뿐만 아니라 일시적인 축복에 지나지 않는다. 그리고 곧 사라진다. 잠시 오감을 만족시키더라도 더 고귀한 영혼의 갈망을 채우지는 못한다.

"주께서 진정으로 내게 복을 주시려거든."

나는 하나님이 축복하시는 사람이 축복을 받는다고 믿는다.

선한 것은 베푸는 사람의 선의에 따라 전해지고, 그것을 받는 사람에게는 행운이기에 "진정으로" 축복이라고 자랑할 수 있다. 그것은 무엇과도 비길 수 없기 때문이다. 이는 하나님의 은총으로 가능하고, 하나님의 선택으로 지명되고, 하나님의 관대함 덕분에 주어진다. 이 모든 과정은 진정으로 거룩한 것, 입을 열어 축복할 만한 것, 소중하고 영원한 존귀함을 추구하는 이들이 누구나 갈망하는 것이 될 수 있다.

"주께서 진정으로 내게 복을 주시려거든"

이 구절을 묵상한다면 그 표현에 담긴 깊은 뜻을 깨닫게 될 것이다.

우리는 "주께서 진정으로 내게 복을 주시려거든"이라는 구절을 사람의 축복에 대입할 수 있다. 부모나 믿을 만한 친구들의 진심어린 축복과 기도 후원을 받는 것은 즐거운 일이다.

세상의 부모는 자식에게 전할 축복이 소유한 재산 이외에 그다지 없으나 정직하고 거룩하게 그리스도를 따르는 부모의 축복은 더없이 풍성하다. 부모의 축복을 누리지 못한다는 것은 안타까운 일이다.

반면 우리는 영적인 부모의 축복을 기대한다. 위로자인 것이다. 성직자라고 해서 별다른 능력이 있는 게 아니다. 우리를 그리스도에게로 이끌어 주는 통로이며, 하나님에 관한 교훈을 전하여 증거하기를 원할 뿐이다.

헐벗은 이들에게 주어지는 축복은 소중하다. 나는 욥이 "귀가 들은즉 나를 축복하고"(욥 29:11)에서 보는 바와 같이 그 사실을 마음에 새겼다고 확신한다. 배우자와 사별했거나 부모를 잃은 아이들을 보살펴야 한다. 그들이 감사하고 축복하면 그것은 대단한 보답이다.

그렇지만 부모나 친척, 성도나 고마워하는 사람들이 어떤 축복을 건넨다고 해도 우리의 기대에는 미치지 못한다. 우리 역시 다른 사람들에게 진심어린 축복을 받고 싶어 하지만 주님만이 진정으로 복을 주실 수 있다는 것을 알기 때문이다.

축복의 권리는 오직 주님 몫이다. 그들의 축복은 말뿐이지만 주님의 축복은 구체적이다. 그들은 자신들이 할 수 없는 것을 기대하고 마음대로 처분할 수 없는 것을 제시하지만 주님은 감당하지 못하실 일이 없다.

주님은 말씀 한 마디로 세상을 창조하셨다. 이제 그런 능력으로 축복을 주실 것이다!

다른 축복은 보잘 것 없는 즐거움을 안겨 주지만 주님의 자비는 생명이 된다. 다른 축복을 주님의 것과 비교한다면 허울에 불과할 것이다. 주님의 축복은 "썩지 않고 더럽지 않고 쇠하지"(벧전 1:4) 않는 "흔들리지 않는 나라"(히 12:28)를 받는 근거가 된다.

그래서 언젠가 다윗은 이렇게 기도했다.

"주의 종의 집이 영원히 복을 받게 하옵소서."(삼하 7:29)

아빠스가 이스란엘 하나넘께 아뢰어 이르되 주께서 내게 복을 주시련가는 나의 지역을 넓히시고 주의 손으로 나를 도우사 나도 환난을 벗어나 내게 근심이 없게 하옵소서 하였더니 하나님이 그가 구하는 것을 허락하셨더라. 대상 4:10○아베스가 이스란엘 하나넘께 아뢰어 이르되 주께서 내게 복을 주시련가는 나의 지역을 넓히시고 주의 손으로 나를 도우사 나도 환난을 벗어나 내게 근심이 없게 하옵소서

하나님의 축복과 인간의 축복

야베스 역시 하나님의 축복과 인간의 축복을 비교하려고 했을지 모른다.

사람들은 이익이 기대될 때 축복한다. 성공적인 사업가를 치켜세운다. 하지만 성공이 성공을 부르는 법이라고 하지만 사업이 번성하는 만큼 사람들로부터 인정받기 어렵다. 그들은 대개 사람들의 행위를 성소의 저울에 달지 않고 전혀 다른 척도로 활용한다.

우리가 성공하면 칭찬을 듣게 될 것이다. 반대로 역경을 겪으면 욥의 친구들의 행위처럼 저주를 듣게 된다. 귀에 즐거운 그들의 축복은 당연할 것 같은 특징을 가지고 있다. 마치 우리가 나라를 사랑하기 때문에 애국심을 높이 살 것이며, 우리의 너그러움에 대해 칭찬한다. 우리가 자기를 희생하기 때문이다.

그런데 어떻게 결론을 맺을까? 재판을 받을 때 법정에 있는 경찰이나 방청객의 판결은 전혀 소용이 없다. 재판을 받는 사람이 중요하게 생각하는 것은 배심원의 평결과 재판관의 판결뿐이다.

그러나 우리가 하는 일에 대해 다른 이들의 평판은 그리 중요하지 않다. 그들의 축복은 우리에게 별다른 의미를 갖지 못한다. 주님이 복에 복을 더하시고 "잘 하였도다 착하고 충성된 종아"(마 25:23)라고 말씀하시기 때문이다.

"주여, 당신의 은총에 의지해서 마음으로 표현한 보잘 것 없는 섬김을 칭찬해 주소서. 그것이 내게는 진정한 축복입니다."

사람들은 가끔 아첨과 같은 반갑지 않은 축복을 들을 때가 있다. 치즈를 가로채려고 까마귀를 칭찬하는 우화의 여우를 닮은 사람들이 늘 존재한다. 그들은 외모와 상관없이 목소리가 나빠도 개의치 않는다. 우리를 원하는 게 아니라 오직 얻어내고 싶은 것에 정신을 쏟을 따름이다.

아첨꾼은 사라지지 않을 것이다. 감언이설을 밝히는 사람들은 대개 스스로를 높이 평가하며 그것을 즐긴다. 그들은 사람들의 아첨을 알면서, 어느 정도 과장된 부분이 있더라도 결국 자기만족을 추구하고 당연하게 받아들인다.

우리는 칭찬을 물리치는 데 약하다. 우리가 지혜롭다면 조언을 아끼지 않는 이들에게 허리를 숙이고 칭찬하는 이들을 멀리해야 한다. 정면에서 조언하는 이들은 우리를 이용할 리 없다. 하지만 칭찬을 아끼지 않고 크게 떠들어대는 이들은 다소 의심스럽다. 겉으로 드러나는 것 이상 칭찬할 때 또 다른 의도가 없는지 의심하는 것은 잘못이 아니다.

청년들에게 묻고 싶다. 하나님의 영광을 누리는 자리에 있는가? 엄청난 규모의 땅을 상속받았는가? 풍요로운가? 꿀이 있는 곳에는 파리가 들끓기 마련이다. 아첨꾼을 조심하라.

젊은 여성들에게 묻고 싶다. 아름다운 외모를 지니고 있는가? 주변에는 나쁜 의도는 물론 다른 생각 때문에 미모를 칭찬하는 이들이 있을 수 있다. 아첨꾼을 조심하라. 혀에 꿀을 바른 이 모든 사람들을 피하라. 그 밑에 뱀의 독이 있다.

솔로몬의 교훈을 명심해야 한다.

"입술을 벌린 자를 사귀지 말지니라"(잠 20:19)

하나님에게 부르짖어야 한다.

"내 영혼을 혼란스럽게 하는 모든 아첨에서 구원해 주소서."

그러면 더욱 간절하게 기도할 수 있다.

"주여, 진정으로 내게 복을 주옵소서."

하나님의 축복을 살펴보면, 거기에 담긴 의미를 벗어나지 않을 것이다. 약속한 만큼 주어진다. 따라서 야베스의 기도를 사람들이 건네는 축복의 말과 비교하면 상당한 능력을 확인할 수 있다.

일시적인 축복을 분별하라

야베스가 간청한 축복을 일시적이고 덧없는 인간의 축복과 비교할 수 있다. 하나님이 우리에게 자비롭게 베푸시는 보상이 너무 커서 감사하지 않을 수 없지만, 그것을 과도하게 쌓아두면 안 될 것이다. 감사하며 받아야 하나 우상으로 삼지 말아야 한다. 만약 축복의 말을 듣게 된다면 이렇게 부르짖어야 한다.

"진정으로 축복하시겠다면 이 초라한 축복을 진정한 축복으로 바꾸소서."

그런 축복을 누리지 못하고 있다면 더욱 간절히 부르짖어야 한다.

"믿음 안에서 풍성해지게 하소서. 이런 외적 은혜가 축복이 아니라면 영적인 축복을 받아 진정으로 축복을 누리게 하소서."

이러한 은총 중 몇 가지를 소개하고자 한다.

사람들이 갈망하는 것 중 하나가 재물이다. 그 마음은 일반적이어서 거의 본능적으로 입에 담게 된다. 기대한 것을 얻는다고 해도 그것을 축복의 결과로 간주하는 사람은 그리 많지 않다.

하지만 행복이 소유의 풍성함에 있지 않다는 증거는 꼽을 수 없을 만큼 많다. 물질의 넉넉함이 진정한 축복이 아니라고 굳이 설명하지 않아도 많은 사례들을 알고 있다.

풍요로움은 실제와 다르다. 누가 얼마나 소유하고 있는지 두 눈으로 보면 부럽지만 그가 얼마나 적게 누리는지 알면 동정하게 된다는 말이 있듯이, 말할 수 없이 넉넉한 환경에서 살면서도 마음이 몹시 불편한 이들이다.

바라는 것을 모두 손에 넣고, 모든 소원을 이루고, 소유를 따라서 움직인다고 해도 만족은 없다. 더 이상 가질 게 없기 때문이다. 그러므로 한심한 구두쇠는 풍부하면서도 갈망하고, 소유한 황금을 걱정하면서도 여전히 더 가지려 하고, 몹시 갈급해 히며 자리에 앉은 채 스스로 가난하다고 생각한다.

물질적 풍요는 슬픔을 사라지게 하거나 영원한 즐거움이 샘솟는 최고의 선이 아니다. 따라서 이것을 인정하는 것보다 중요한 일은 없다.

재물은 주인을 속일 때가 많다. 식탁에 맛있는 음식이 즐비하지만 입맛이 없다거나, 연주자가 신호를 기다리고 있지만 더 이상 듣지 못하고, 마음만 먹으면 언제든지 쉴 수 있지만 휴식의 즐거움을 느낄 수 없다. 혹은 젊어서 재물을 상속했지만 즐거움을 좇다 보니 일하는 것이 싫고 낭비하는 게 고역이다.

우리는 재물이 어떻게 날개처럼 움직이는지 알고 있다. 나무에 앉은 새처럼 날아가 버린다. 병들어서 낙심하면 "영혼아, 평안히 쉬자"고 속삭이던 물질도 별다른 위로가 되지 못한다. 죽을 때는 이별의 고통이 더 심해지기도 한다. 남기면 남길수록 잃는 게 더 많기 때문이다.

물질이 넉넉하면 이렇게 기도할 수 있다.

"나의 하나님! 이런 껍데기에 눌리지 않게 해 주소서. 섭리에 따라서 당신이 허락하신 금과 은, 동산과 부동산을 우상으로 삼지 말게 하소서. 당신에게 간구하오니 진정으로 복에 복을 더하여 주소서. 주님이 자비를 베푸시지 않으면 이런 세상의 물질이 불행의 원인이 됩니다."

그리고 부요하지 않고, 어쩌면 평생 그렇게 살 것 같다면 이렇게 기도하라.

"나의 아버지! 당신은 내게 물질을 허락하시지 않았지만 당신의 사랑을 풍성하게 누리게 하시고 소중한 당신의 은총을 베풀어 주시고 복에 복을 더하여 주소서. 그리하면 당신의 바람처럼 나는 다른 이들과 함께 나누고 당신은 내 몫을 분배하시게 되고 내 영혼은 매일 당신의 뜻을 기다릴 것입니다. 진정으로 복에 복을 더하여 부족함을 채워 주소서."

불쌍한 인간이 어리석게 갈망하고 간절히 바라는 일시적인 축복이 또 있다. 명예가 바로 그것이다. 우리는 형제들보다 더 존귀해지려고 하고 경쟁자를 압도하려고 한다. 이름을 날리고, 어떤 식으로든지 자신이 속한 집단에서 주목을 끌고 싶어 하고, 할 수 있는 만큼 그 영역을 넓히려는 것은 자연스런 일이다.

그렇지만 부자라고 해서 만족할 만큼의 높은 명성이 따르지 않는다는 것은 부정할 수 없다. 허세나 명예를 추구하는 이들은 원하는 목적을 달성하면 언제나 소유할 수 없는 것을 좇으며 약간의 즐거움을 누린다. 유명인 가운데는 말할 수 없이 추악한 사람들도 있다.

만일 여러분에게 명예나 명성이 있다면 받아들이라. 하지만 이렇게 기도해야 한다.

"나의 하나님! 진정으로 당신의 축복이 필요합니다. 내 이름이 사람들의 입에 무수히 오르내리고 당신이 인정하시지 않는다면 그게 무슨 도움이 되겠습니까? 내 이름이 대리석에 새겨져도 어린양의 생명책에서 빠지면 무슨 소용이 있습니까?

이런 축복은 허울뿐인 축복, 바람에 날려갈 축복, 거짓 축복에 불과합니다. 당신의 축복을 내게 주시고 당신이 허락하시는 명예를 진정으로 누리게 하소서."

어쩌다가 조용히 살다 보니 동료들이 존경하는 명단에 들지 못했다면 할 일을 제대로 하는 것에 만족하고 주어진 소명을 실제로 완수해야 한다.

명성을 얻지 못했다는 게 그리 대단한 문제는 아니다. 눈송이 같은 명성을 소유하는 게 더 나쁜 일이다. 눈송이는 아침에 하얗게 땅을 덮었다가도 한낮의 온기에 사라져 버린다. 죽은 사람과 같이 사라지는 명성이 무슨 의미가 있겠는가. 진정한 축복을 누려야 한다.

그밖에 지혜로운 사람들이 가지고 싶어 하는 정당한 일시적인 축복이 또 있다. 건강의 축복이다. 우리는 제대로 알고 있을까? 건강의 혜택을 무시하는 것은 어리석은 짓이며, 건강은 무엇보다 강조해도 부족하지 않다.

건강한 사람은 재산이 많더라도 건강을 잃은 사람보다 훨씬 더 큰 축복을 받았다고 할 것이다. 하지만 건강하다고 해도, 골격이 튼튼하고 근육이 강해도, 통증 없이 아침에 일어나서 경쾌한 걸음으로 일하러 나가도, 저녁이면 소파에 앉았다가 즐겁게 잠자리에 든다고 해도 능력을 자랑해서는 안 된다.

건강을 잃는 것은 한순간이다. 힘이 넘치는 사람이 완전히 건강을 잃어버린 데는 얼마 걸리지 않는다. 기력을 잃기 시작하면 얼굴이 창백해지고 죽음의 그늘이 드리운다. 건강한 사람은 힘자랑을 하면 안 된다. 주님은 "말의 힘이 세다 기뻐하지 아니하시며 사람의 다리가 억세다 하여 기뻐하지"(시 147:10) 아니하신다. 우리는 건강과 관련된 것들을 자랑하면 안 된다. 건강한 사람은 이렇게 기도해야 한다.

"나의 하나님! 진정으로 복을 주옵소서. 영혼을 강건하게 하옵소서. 영적 질병을 고쳐 주소서.

치료하는 하나님(여호와 로피Jehovah-rophi, 출15:26)이여! 오셔서 태어날 때부터 내 마음에 있는 질병을 물리쳐 주소서. 천국의 의미에서 나를 강건하게 하셔서 부정한 이들을 물리치고 성도의 무리에 들어가게 허락해 주소서.

몸이 건강하도록 복을 주셔서 그것을 바르게 사용하고, 당신을 섬기고 영광을 돌리는 데 힘을 쓰게 하소서. 그렇지 않으면 건강의 복을 누려도 진정한 축복을 받은 게 아닙니다."

우리 가운데 건강이라는 소중한 보화를 누리지 못하는 이들이 있다. 피곤한 날의 연속이다. 동정을 사기에 충분하다. 관절이 날씨 변화를 정확하게 예측할 정도이다. 하지만 나는 우리가 진정으로 축복을 받을 수 있도록 기도할 수 있고 또 그와 같은 고통을 알고 있다.

언젠가 한 자매가 들려준 사연에 깊이 공감한다.

"내가 아팠을 때는 확신이 충만하고 주님 안에서 매우 즐거워할 정도로 하나님과 가까웠습니다. 그런데 지금은 유감스럽게 그런 감정이 사라졌습니다. 하나님과의 관계가 회복될 수 있다면 또다시 병을 앓고 싶습니다."

가끔 병을 앓던 순간을 뒤돌아보면서 감사할 때가 있다. 그러나 지금 고통스런 침대에서 누렸던 은혜의 절반도 누리지 못한다. 그럴 수 없는 일이지만 그렇다. 우리가 기뻐하는 자비가 영혼의 단비가 되기도 하지만 즐거움보다 슬픔이 유익할 때가 훨씬 많다. 우리 가운데에는 가지치기 가위가 필요한 경우가 있다.

고통이나 질병, 무기력함이나 허약함 그리고 고뇌를 피할 수 없으나 결국 하나님의 관심을 끌게 되고, 심각하지 않은 고통은 "지극히 크고 영원한 영광의 중한 것을"(고후 4:17) 이루게 하여 진정한 축복을 누리게 한다.

소중한 일시적인 축복을 하나만 더 살펴보면 '가정'이라는 축복이 있다. 그것을 인정하거나 제대로 거론하는 사람이 없다는 게 내 생각이다.

단란한 가정, 또한 '가정'이라는 낱말과 어울리는 아내, 자녀, 아버지, 형제, 자매라는 사랑스런 관계를 유지하는 것은 큰 축복이다. 어떤 언어든지 어머니에게 바치는 노래가 가장 많다. 우리는 〈아버지의 나라〉(fatherland 혹은 조국-옮긴이)라는 독일 노래를 좋아해서 즐겨 듣는다. 그런데 이 곡에서 '아버지'가 빠지면 성립되지 않는다. '나라'는 별다른 의미가 없고, '아버지'가 곡의 핵심이다.

우리는 대개 이런 관계 속에서 축복받기를 소망하나 머지않아 사라질 인연으로 위안을 삼으면 안 된다. 그것을 뛰어넘어 진정한 축복이 임하도록 간구해야 한다.

"나의 하나님! 세상의 아버지를 주셔서 감사합니다. 그러나 당신이 나의 아버지가 되어 주셔야 진정으로 축복을 누리게 됩니다. 나의 하나님, 어머니의 사랑을 허락해 주셔서 감사합니다. 하지만 어머니가 돌보듯이 당신의 위로를 받아야 진정으로 축복을 누리게 됩니다.

구주여, 결혼하게 해 주셔서 감사합니다. 그러나 나의 신랑은 당신입니다. 형제를 갖게 해 주셔서 감사합니다. 그러나 당신이 역경을 돕도록 태어난 형제이며, 뼈 가운데 뼈이고 살 가운데 살입니다.

소중한 가정을 허락해 주셔서 감사합니다. 하지만 나는 주님의 집에 영원히 거하고 싶고, 발 닿는 대로 떠도는 방랑자가 아니라 거할 곳이 많은 아버지 집에서 자녀가 되기 원합니다.

당신은 그렇게 복에 복을 더하실 수 있습니다."

부모와 같은 전능자의 돌봄을 받지 못한다면 온갖 달콤한 위로가 넘치는 축복받은 가정이라고 하더라도 야베스가 간구한 축복에는 도달하지 못한다. 그렇다면 내가 여기서 일가친척과의 결별을 권하고 있는 것인가?

우리 중에 심장의 일부가 묻힌 무덤 같은 길거리 삶을 청산했지만 상처가 너무 커서 여전히 피를 흘리는 이들이 있다. 주님 안에서 모든 관계가 이뤄져야 하고, 그때 진정한 축복을 누릴 수 있다.

배우자를 잃은 사람은 창조자를 베필로 삼아야 한다. 주님은 진정으로 여러분을 축복하신다. 부모가 없는 이들에게 주님이 말씀하셨다.

"내가 너희를 고아와 같이 버려두지 아니하고 너희에게로 오리라"(요 14:18)

일시적인 축복을 설명하는 데 너무 많이 할애했다. 성경의 본문을 다른 관점에서 정리해 보자.

우리는 인간적인 축복과 일시적인 축복을 누려 왔다. 이것은 우리의 마음을 즐겁게 하기 위함이며, 세속적인 관심으로 마음을 더럽히거나 영원한 행복을 방해하는 관심거리가 아니라고 생각한다.

허구적인 축복에서 벗어나라

허구적인 축복에 대해 계속해서 살펴보자. 세상에는 허구적인 축복이 존재한다. 그것들을 피해갈 수 있도록 하나님의 도움을 구하는 기도를 해야 한다.

"주께서 진정으로 내게 복을 주옵소서."

바리새인의 사례를 살펴보면, 성전에 선 바리새인은 자신이 하나님의 축복을 누리고 있다고 생각했다. 그는 대담하게 또 거침없이 자기만족을 쏟아냈다. "하나님이여 나는 다른 사람들과 같지 아니함을 감사하나이다"(눅 18:11)라는 식이었다.

그는 축복을 받았고, 스스로 그럴 만한 자격이 충분하다고 믿었다. 이레에 두 번씩 금식하고 소득의 십일조를 바쳤고, 사용하고 남은 박하나 근채까지 바쳤다. 일상의 모든 면에서 할 만큼 한 것이다.

그가 바라는 축복은 빈틈없이 바른 양심이었으며, 그는 전형적인 인물이었다. 하지만 유감스럽게 모두 바리새인처럼 살지 못한다. 만일 그렇게 살 수 있다면 경찰 따위는 필요하지 않았을 것이다. 빌라도가 경비를, 헤롯이 병사를 찾지 않았을 것이다. 바리새인은 그런 면에서 누구보다 대단했다.

그는 자신의 삶을 사랑했다. 하지만 바리새인은 진정으로 축복을 누리지 못했다. 그의 과장된 자부심에서 비롯된 것이어서 말만 그럴 듯했고 축복은 상상 속에서만 가능한 일이었다. 그가 저주를 받은 것으로 간주했던 가난한 사람이 오히려 의롭다고 인정을 받고 집으로 돌아갔다. 자신의 의를 앞세운 바리새인에게는 축복이 찾아오지 않았던 것이다.

우리는 여기서 이러한 질책의 문제점을 깨닫고 기도해야 한다.

"위대하신 하나님! 자격이 없는데도 의롭게 여기지 않도록 지켜 주소서. 누더기를 걸치고 결혼예복을 입은 듯 착각하지 않도록 지켜 주소서. 진정으로 축복하소서. 진정한 의로움을 누리게 하소서. 예수 그리스도 안에서 당신이 인정할 수 있는 진정한 가치를 소유하게 하시고, 신앙까지 그렇게 하소서."

이런 허구적 축복의 또 다른 관점은, 스스로 의롭게 간주하는 것에 대해 경솔하게 대하는 사람들에게서 찾아볼 수 있다. 그것은 망상에 가깝다. 그들은 이렇게 노래한다.

**나를 죄에서 풀어 주시려고 예수께서 나를 위해 죽으셨고
또 십자가에서 피를 흘리신 것을 정말 나는 믿네, 나는 믿겠네.**

우리는 그것을 믿는다고 고백한다. 그런데 그것을 어떻게 알게 되었는가? 어떤 권위를 근거로 그렇게 확신하는가? 누가 우리에게 알려 주었는가?

'나는 그것을 믿는다'는 말은 맞지만, 우리 스스로 무엇을 믿는지 돌아보아야 한다. 예수님의 보혈에 특별한 관심을 갖고 있다는 확실한 증거가 있을까? 그리스도가 죄로부터 해방시켜 주셨다는 것을 믿을 수 있는 어떤 영적 근거를 댈 수 있을까?

나는 전혀 걸칠 데가 없는 밋밋한 닻처럼 근거 없는 소망을 가진 사람들이 걱정된다. 구원을 받았다고 하지만 자신들의 발언에 사로잡혀 있고, 그것을 따져 보는 것을 나쁘게 생각한다. 그러면서도 확신을 입증할 수 있는 근거는 없다.

법궤를 운반하던 고핫 자손들은 그것을 만져도 괜찮았다(민 4:4-6, 15). 그런데 웃사는 만지다가 목숨을 잃었다(삼하 6:6-7). 전적으로 확신할 수 있는 준비가 된 이들이 있고, 반면에 그것을 거론하면 죽게 될 이들이 있다. 추정과 전적인 확신 사이에는 상당한 거리가 존재한다. 전적인 확신은 합리적이다. 그것은 구체적인 바탕에 근거한다. 추정은 전혀 권리가 없는데도 자신의 소유를 당연하게 간주하고 넉살좋게 고집한다.

구원을 추정할 때는 조심해야 한다. 마음으로 예수님을 신뢰하면 구원을 받은 것이다. 그렇지만 그저 입으로만 "예수님을 믿는다"고 하면 구원과 무관하다. 마음이 새로워지면 과거에 사랑한 것들을 미워하고, 미워한 것들을 사랑하고 진심으로 회개하면 진정으로 생각이 바뀐다. 그리고 다시 태어났다면 당연히 즐거워야 한다.

하지만 실질적인 변화가 없고 내적으로 경건하지 않으며, 하나님을 사랑하지 않고 기도하지 않고 성령이 역사하지 않는데도 구원을 받았다고 말한다면, 자신만의 주장이거나 망상에 지나지 않고 구원과는 무관하다.

우리는 이렇게 기도해야 한다.

"헛된 믿음을 낳는 자만이 아니라 진정한 믿음, 진정한 구원, 신앙의 핵심인 예수님에 대한 믿음 때문에 진정한 축복을 누리게 해 주소서. 주님이 허구적인 축복에서 지켜 주옵소서!"

나는 이렇게 말하는 사람들을 만난 적이 있다.

"나는 구원받았다고 믿는다. 꿈을 꾸었기 때문이다."

"나에게 적합한 성경말씀이 있기 때문이다. 아주 대단한 사람이 설교하면서 그렇게 말했다."

"울기도 하고 웃음이 나오기도 했는데, 이런 경험은 난생 처음이다."

하지만 심판을 견딜 수 있는 것은 이것뿐이다. 예수 그리스도가 완수한 사역 이외의 것들에 대한 확신을 모두 포기하고, 그리스도에게 나와서 하나님과 화해했는가? 만일 그렇지 않다면 꿈과 기대와 환상은 그저 꿈과 기대와 환상에 불과할 뿐이고, 무엇보다 절실한 순간에도 소용이 없을 것이다.

진정한 축복을 누릴 수 있도록 주님에게 기도해야 한다. 말과 행동에서 그 어떤 진실함도 찾을 수 없기 때문이다.

걱정스러운 일이지만, 현재나 내세 모두 구원을 받은 이들 역시 이것을 조심해야 한다. 영적인 축복으로 간주하는 것들과 진정한 축복을 구별하는 법을 익히도록 기도할 이유는 충분하다.

내 의견은 다음과 같다. 생각한 대로 기도의 응답을 얻었다고 해서 진정한 축복이 될 수 있을까? 나는 늘 간절히 기도하고 나서 이렇게 끝을 맺는다.

"내 뜻이 아니라 주님의 뜻대로 하옵소서."

그래야 마땅하지만, 사실 그러지 않으면 응답을 받는 게 오히려 위험한 일일 수 있기 때문이다. 하나님은 화가 나서 들어주실 수 있고, 그러면 응답을 받아도 즐겁지 않을 뿐더러 슬픔이 심해질 수 있다.

과거 이스라엘 사람들이 고기를 간구하자 하나님이 메추라기를 보내 주셨던 사연을 기억해야 한다. 그들이 입으로 고기를 넘기기 전에 하나님의 진노가 찾아왔다. 고기를 바란다면 간구해야 한다. 하지만 이렇게 기도해야 한다.

"주여, 이것이 진정한 축복이 아니라면 응답하지 마소서."
"진정한 축복을 허락해 주소서."

자주 입에 담고 싶지 않은 여인의 일화가 있다.
아들이 사경을 헤매자 그녀는 어느 목사를 찾아가서 기도를 부탁했다. 목사는 간절히 기도하고 나서 이렇게 마무리했다.
"당신의 뜻이라면 이 아이를 살려 주소서."
여자가 말했다.
"그럴 수 없습니다. 이 아이를 살려 달라고 기도하셔야 합니다. 조건을 달지 말아 주십시오."
목사가 대답했다.
"앞으로 살다가 하나님의 뜻을 거스른 것을 후회할 날이 있을지 모릅니다."
20년이 흐른 후, 그녀는 교수대 밑에서 정신을 잃고 실려 나갔다. 흉악범이 된 아들에게 사형이 집행되었기 때문이다. 그녀는 아들이 어른이 되는 것을 보면서 살고 싶었더라도, 아들이 일찍 세상을 떠나거나 하나님의 뜻에 맡기는 편이 더 좋았거나 지혜로웠을 것이다.
기도 응답을 하나님의 사랑에 대한 증거로 과신하는 일이 없도록 조심해야 한다. 하나님의 뜻을 구하면서 진정으로 복을 간구해야 많은 여지를 남길 수 있다.

그리고 기분이 유쾌하고 활기차고 믿음과 관계된 즐거움이나 반드시 축복이 아닐 때가 있다. 우리는 축복을 기뻐하고, 또 기도하러 모였다가 불이 붙어 영혼이 빛을 발할 때가 있었다. 그때 우리는 어떻게 노래해야 할지 깨달았다. 거리낌 없는 내 영혼은 이런 기분을 깨뜨리지 않으려고 자리에 앉아 영원한 축복을 노래한다.

우리는 축복을 누릴 때만 감사한다. 하지만 나의 즐거움이 하나님의 자비를 입증하는 결정적 증거가 되는 것처럼, 또 하나님의 축복을 대표하는 표지가 되는 것처럼 시기를 마음대로 결정하지 못한다. 지금 마음이 찢어져서 주님 앞에 엎드리는 게 더 큰 축복일 수 있다. 더할 수 없는 즐거움을 간구하고 그리스도와 더불어 산에 있기를 기도할 때는 당연히 축복이라고 생각할 수 있다.

진정한 축복은 겸손의 계곡으로 안내하고, 몸을 낮추게 하고, 고통스러울 때 "주여 구원하소서 우리가 죽겠나이다"(마 8:25)라고 부르짖게 한다. 만일 감사하게도 주님이 죄를 용서한 심정으로 오늘 우리를 축복하시면, 내일은 우리에게 고민거리를 주고 속을 끓이게 하고 스스로 철저히 환멸을 느끼게 하여 자신을 따르도록 하신다.

우리가 늘 즐거워하고, 모압의 여인처럼 그릇마다 조금씩 기름을 나누어 담기만 하면 이런 변덕스런 경험까지 진정한 축복이 될 수 있다. 변하지 않는 사람들은 일이 제대로 풀리지 않는다. 하나님을 두려워하지 않기 때문이다.

언제나 평온하고 안정된 삶을 누리는 이들을 부러워한 적이 있는가? 거기에 못지않게 차분한 성격을 가진 그리스도인들도 있다. 평온함이나 성령이 주시는 흔들림 없는 확신은 기쁨을 줄 수 있는 능력이다. 하지만 남의 몫을 부러워하는 게 옳은지는 판단하기가 쉽지 않다. 폭풍우를 만나면 우리보다 더 차분할 수도 있고 오히려 못할 수도 있다.

평화롭지 않은 곳에서 "평화, 평화"(렘 6:14)라고 하는 것은 위험하다. 그리고 차분함은 냉담함에서 비롯될 때도 있다. 자신의 영혼까지 속이는 이들이 있다. 사람들이 의심하지 않는다고 말하지만 그것은 속마음을 살피지 않기 때문이다. 그들은 불안해하지 않는다. 자신들을 자극하는 특별한 계획을 마련하거나 추구하지 않는다. 그렇게 하더라도 곤란하게 생각하지 않는다. 생명을 잃어버렸기 때문이다.

"주께서 진정으로 내게 복을 주옵소서."

온전하게 지옥에 가는 것보다는 부족해도 천국에 가는 편이 더 낫다.

"나의 하나님! 당신이 진정으로 복을 주신다면 그 누구의 은사나 은총을 부러워하지 않겠습니다. 속마음과 외적 환경도 마찬가지입니다. 당신이 위로하시지 않으면 어떤 위로도 필요하지 않습니다. 나의 평안이 되시는 그리스도가 없다면 어떤 평안도 불가능합니다. 그리스도의 향기로운 제물이 가져다주는 안식 이외의 것은 바라지 않습니다. 그리스도는 모든 것의 모두가 되시고, 그 무엇도 그분을 대신할 수 없습니다."

우리는 축복이 임하는 방식을 판단할 수 없다는 사실을 항상 의식해야 한다. 허구적인 축복이나 추상적이고 형식적인 축복이 아니라 진정한 축복이 우리에게 임할 수 있도록 그 방식을 하나님의 몫으로 남겨두어야 한다.

우리의 사역과 섬김에 대해 늘 이렇게 기도해야 한다.

"주께서 진정으로 내게 복을 주옵소서."

훌륭하다고 하는 사람들의 사역을 보면 안타까울 때가 있다. 그렇다고 해서 우리가 그들이 얼마나 교만하고 비현실적인지 판단할 수 있는 권리를 가지고 있다는 것은 아니다.

어떤 사람들이 두세 차례 저녁 집회를 갖고서 교회를 세울 수 있는 것처럼 주장하는 것은 충격적인 일이다. 그들은 신문 한 귀퉁이에 죄를 확신한 사람이 43명이고, 의롭게 된 사람이 46명, 그리고 어떤 때는 거룩해진 사람이 38명이라고 자랑할 것이다. 나는 그들이 업적이라고 내세우는 숫자 이외에 무엇이 그리 대단하다는 것인지 알지 못한다. 갑자기 교인들의 숫자가 늘어나는 것을 목격했다.

그런데 그들은 어떻게 되었는가? 지금 그런 교회들은 어디에 있는가? 기독교 세계에서 겉보기에 가장 인기 높은 곳은 "부흥만 앞세우는" 사람들이 전매특허처럼 거름으로 기름지게 만든 장소들이다. 교회 전체가 급속한 성장과 무엇인가를 좇다가 힘을 소진하고 전혀 소득 없이 막을 내렸다.

그들은 나무로 건물을 짓고, 마른풀로 더미를 만들고, 하늘에 닿기라도 할 듯이 나무 그루터기로 탑을 쌓았다. 하지만 불티 하나가 떨어지자 연기처럼 모두 사라졌다. 그래서 다음에 일하러 찾아온 사람, 즉 위대한 건축가의 후임은 좋은 일을 해 보기도 전에 재를 완벽하게 쓸어내야 했다.

하나님을 섬기는 사람들은 누구든지 이렇게 기도해야 한다.

"주께서 진정으로 내게 복을 주옵소서."

꾸준히 반복해야 한다. 생전에 벽돌 한 장이라도 쌓을 수 있다면, 그것이 금이나 은 혹은 보석이라면 더욱 대단한 일이 아닐 수 없다. 그런 귀한 것으로 눈에 띄지 않는 어떤 작은 구석을 건축하더라도 값진 일이다. 자주 입에 오르내리지는 않겠지만 끝까지 존속할 것이다. 그것이 끝까지 존속한다는 게 중요하다.

"우리의 손이 행한 일을 우리에게 견고하게 하소서 우리의 손이 행한 일을 견고하게 하소서"(시 90:17)

우리가 교회를 세우지 않았다면 어떤 시도를 하더라도 의미가 없다. 하나님이 세우신 것도 그분과 무관하다면 살아남더라도 헛수고가 될 것이다.

"주께서 진정으로 내게 복을 주옵소서."

교회학교 교사들은 이렇게 기도해야 한다. 전도자나 목회자, 그리고 누가 되었든지, 어떤 방식의 예배를 드리든지 온도가 조금 떨어져도 산산조각 나는 회반죽을 바르는 사람이 되지 않도록 주님에게 기도해야 한다.

거대한 교회를 건축할 수 없다면, 하나님이 영원히 쌓아올려서 어떤 세월도 견뎌낼 수 있는 대단한 성전의 한 부분이라도 세울 수 있어야 한다. 엉터리 소재를 쓰는 일꾼이 되지 않도록 간구해야 한다.

주님이 무엇을 하시든지

 이 글을 마무리하기에 앞서 설명할 게 한 가지 더 있다. 하나님의 은혜의 축복이 바로 진정한 축복이기 때문에 우리는 간절히 간구해야 한다. 지금부터 설명하는 내용을 통해 그것의 의미를 알게 될 것이다.

 진정한 축복은 못이 박힌 손에서 비롯되었다. 축복은 갈보리의 피 묻은 나무에서, 구세주의 상처 난 몸에서 흘러나온다. 용서를 받고 승낙을 받고, 영적 삶을 누리고 그리스도와 하나 되는 것은 모두 그것 때문에 가능한 일이다. 이것이 진정한 축복이다.

 영혼 안에서 성령님이 역사하셔서 주어지는 축복은 진정한 축복이다. 그것 때문에 초라해지고 가릴 게 사라지고 죽음을 맞게 되더라도 그것은 진정한 축복이다. 써레로 우리의 영혼을 곱게 고르고, 쟁기로 우리의 마음을 깊게 파고, 손발이 잘리고 상처를 입고 죽음을 맞게 되더라도 하나님의 영이 그렇게 하신다면 그것은 진정한 축복이다. 주님이 "죄에 대하여, 의에 대하여,

심판에 대하여"(요16:8) 책망하시고 지금까지 그리스도에게 인도받지 못했더라도 그것은 진정한 축복이다.

주님이 무엇을 하시든지 받아들여야 한다. 의심해서는 안 된다. 우리의 영혼을 계속 축복하시도록 기도해야 한다.

무슨 일이 되었든지 하나님에게 인도하는 것은 진정한 축복이라고 할 수 있다. 재물은 그렇지 않다. 황금이 우리와 하나님의 사이를 가로막을 수 있다. 건강이 그렇지 않다. 골격의 능력과 활력이 하나님을 멀리하게 만들 수 있다.

그렇지만 우리가 주님에게로 인도되는 것은 무엇이든지 진정한 축복이다. 어떤 십자가 덕분이라고 하더라도 하나님을 만나게 되었다면 그것은 진정한 축복이다.

앞으로 닥칠 세계를 준비하면서 영생으로 나가게 하는 것, 우리가 강 너머로 운반할 수 있는 것, 거친 물살 건너편 밭에서 피어나는 거룩한 즐거움, 진정한 분위기에서 영원히 지속될 아주 순수한 형제의 사랑은 진정한 축복이다.

이처럼 영원히 커다란 화살로 표시된 것은 진정한 축복이다.

하나님에게 영광을 돌리도록 도와주는 것은 무엇이든지 진정한 축복이다. 병에 걸렸어도 그 덕분에 주님을 찬양할 수 있다면 진정한 축복이다. 가난해도 재물이 있을 때보다 주님을 더 잘 섬긴다면 그것이 진정한 축복이다. 그리스도를 위해서 멸시를 당해도 그 순간을 반기고 즐거워하면 그게 바로 진정한 축복이다.

내 믿음이 거짓을 털어내고, 축복이 앞이마를 가린 투구를 움켜잡고서 예수님을 위해서 또 그분이 약속하신 보상에 감사하며 시험에 빠지는 것을 "온전히 기쁘게"(약 1:2) 여겨야 한다.

그리고 이렇게 기도해야 한다.

"주께서 진정으로 내게 복을 주옵소서."

2

고난을 극복하는
다윗의 기도

(다윗이 굴에 있을 때에 지은 기도) 내가 소리 내어 여호와께
부르짖으며 소리 내어 여호와께 간구하는도다
_ 시편 142:1

(다윗이 굴에 있을 때에 지은 기도) 내가 소리 내어 여호와께 부르짖으며 소리 내어 여호와께 간구하는도다
_ 시편 142:1

소리 내어 주께 부르짖으며

시편은 이렇게 시작된다.

"다윗이 굴에 있을 때에 지은 기도."

다윗은 굴에서 지낼 때 기도했다. 다윗이 궁전에서 지낼 때 굴에서 그랬던 것의 절반이라도 기도했다면 상황은 크게 달라졌을 것이다.

하지만 안타깝게도 다윗은 왕의 자리에 있을 때 저녁 무렵 침대에서 일어나 지붕에서 아래를 내려다보다가 시험에 빠졌다는 것을 우리는 알고 있다. 그가 하늘을 올려다보았더라면, 하나님과 진심으로 교제했더라면 삶 전체에 깊은 굴곡을 안겨 준 엄청난 죄를 범하지 않았을 것이다.

"다윗이 굴에 있을 때에 지은 기도."

하나님은 땅에서 바다에서 심지어 바닷속에서 하는 기도를 들으신다. 한 형제가 이 같은 표현을 하면서 기도하던 생각이 난다. 기도회에 참석했던 사람들이 다소 놀라면서 물어왔다.

"하나님께서 바닷속에서 하는 기도를 어떻게 들을 수 있다는 겁니까?"

그렇게 기도한 사람은 잠수부였다. 그는 선박이 난파되면 바다 밑으로 작업하러 내려간 적이 더러 있었다. 그는 깊은 바다에서 작업하는 동안 하나님과 교제했다고 한다.

하나님은 언덕은 물론 계곡의 하나님이시다. 바다와 뭍을 주관하시는 하나님이다. 순종하지 않은 예언자 요나가 산의 뿌리까지 내려가서 기도할 때 들어주셨고, 땅이 빗장을 쳐서 영원히 막을 것처럼 보일 때도 기도를 들어주셨다.

어느 곳에서 일하든지 기도할 수 있다. 병들어 눕더라도 기도할 수 있다. 하나님이 듣지 못할 곳은 없다. 하나님의 보좌에 나갈 수 없는 순간도 없다.

"다윗이 굴에 있을 때에 지은 기도."

굴은 어느 곳보다 기도하기에 적합했다. 새들은 새장에서 더할 수 없이 노래를 잘 부른다. 하나님의 사람들 중 누군가는 어둠 속에서 어느 때보다 밝게 빛난다는 것을 알고 있다. 기도해야 할 순간에 기도하지 못하는 천국의 상속자들이 적지 않다. 누군가는 건강할 때 그러지 못하다가 병에 걸려 누운 자리에서 큰소리로 찬양한다. 또 누군가는 시험이 닥치기 전까지 하나님을 찬양하지 않다가 불 속에서 하나님의 위대하심을 찬양한다.

성도는 가끔 고통이라는 용광로에서 최선을 다할 때가 있다.

혹시 어둡고 힘겨운 처지에 놓여 있거나 용기를 잃었다면, 그 순간이 아주 강력한 교제와 중보를 할 수 있는 특별한 시간이 될 수 있다. 또한 굴에서 드린 기도가 최고의 기도가 되기를 소망한다.

나는 다윗이 굴에서 바친 기도를 통해 어려움을 겪는 경건한 사람들의 기도를 설명하고 싶다.

하지만 먼저 그 기도에 소개된 심한 죄책감에 시달리는 영혼에 대해 전하고 싶다. 굴에서 만들어진 이 시편은 심한 죄책감에 시달리는 사람의 특징과 아주 비슷하다.

그 다음에 고난을 겪는 그리스도인의 처지를 설명하는 데 이 시편을 활용할 것이다.

세 번째로, 그것을 통해 이전보다 더 크게 영광을 돌리고 더 폭넓게 예배할 준비가 된 그리스도인의 모습을 소개하고자 한다.

죄책감에 시달리는 영혼에게

나는 이 시편으로 죄책감에 시달리는 영혼의 모습을 설명하고 싶다.

얼마 전까지 우리는 독이 퍼진 계곡에서 꽃을 꺾어들고, 치명적인 향기를 즐기며 교만하게 죄를 저지르면서 드넓은 세상의 들판에 있었다. 죄에 물든 생각으로 할 수 있는 모든 것을 만끽했다. 무감각하고 부주의하고 생각이 부족했기 때문이다.

하지만 감사하게도 하나님은 우리를 붙잡아 주셨다. 우리는 지금 그리스도에게 붙잡혀 감옥에 갇혔고 두 발은 사슬에 단단히 묶여 있다.

오늘밤, 밝은 햇빛과 향기로운 공기가 사라진 어둡고 불쾌한 동굴에 들어갔다고 생각해 보자. 그곳은 제대로 볼 수 없고 위로도 없고 빠져나갈 수 있는 희망이 전혀 없는 곳이다.

하나님에게 나아가라

다윗뿐 아니라 우리에게 의미 있는 시편에 따르면, 가장 먼저 감당할 일은 하나님에게 호소하는 것이다. 나는 여러분의 의심을 알고 있다. 하나님을 두려워하고 그분의 이름을 거론하기를 얼마나 주저하고 있는지 알고 있다. 하지만 지금의 어둠을 벗어나고 싶다면 곧장 하나님에게로 나아가야 한다.

시편은 이렇게 시작된다.

"내가 소리 내어 여호와께 부르짖으며 소리 내어 여호와께 간구하는도다"(시 142:1).

집으로 가서 하나님에게 크게 외치라. 소리칠 만한 곳이 없으면 입을 다문 채 하나님에게 외치라. 오로지 하나님에게만 부르짖어라! 하나님이 계신 곳을 바라보라. 다른 곳에 눈길을 주더라도 단지 어둠뿐이다. 그곳, 오로지 그곳에만 소망이 있다.

우리는 이렇게 말한다.

"그렇지만 하나님에게 죄를 지었습니다."

하나님은 용서할 준비가 되어 있다. 그분은 더할 수 없이 큰 죄를 용서할 수 있는 위대한 속죄를 허락하셨다. 그러니 하나님을 바라보면서 기도를 시작해야 한다.

하나님을 제대로 믿지 않은 채 기도하는 사람들이 있다. 그들은 그다지 기도하고 싶은 마음이 없지만 부르짖는다. 보잘 것 없는 그 기도를 하나님은 들어주신다. 어떤 사람들은 절망 속에서도 하나님에게 부르짖는다. 무슨 효과를 발휘할 수 있는지 제대로 믿지 않지만 기도는 여전히 기도였다. 그들은 기도하더라도 손해 볼 게 없다고 생각하면서 무릎을 꿇고 부르짖는다. 놀랍게도 하나님은 형편없는 기도를 들으실 뿐 아니라 응답하신다. 내달릴 수 있는 다리가 없고, 붙잡을 수 있는 손이 없고, 마음이 간절하지 않은 기도에도 불구하고 하나님은 들어주시고 받아주신다.

죄책감이 느껴지면 무릎을 꿇어야 한다. 죄 때문에 탄식하고 있다면 무릎을 꿇어야 한다. 죄악의 어둔 그늘을 벗어나지 못했다면 하나님에게 부르짖어야 한다. 그러면 들어주신다.

있는 그대로 고백하라

다음으로 해야 할 일은 있는 그대로 고백하는 것이다. 다윗은 이렇게 말한다.

"내가 내 원통함을 그의 앞에 토로하며 내 우환을 그의 앞에 진술하는도다"(시 142:2)

사람은 누구나 속내를 털어놓고 싶어 한다. 슬픔을 고백하지 않으면 그 때문에 생겨난 연기가 영혼의 눈을 가릴 때까지 영혼에 자리 잡게 된다. 그리스도인 친구에게 고민을 털어놓은 것은 나쁘지 않다. 그게 가장 좋은 방법이라고 권하지는 않겠다. 하지만 도움이 될 수도 있다.

그렇지만 주님에게는 어떻든지 있는 그대로 고백해야 한다.

어떻게 죄를 범했는지 털어놓아야 한다. 스스로를 구원하겠다고 노력하다가 어떻게 실패했는지 말씀드려야 한다. 얼마나 비열한지, 얼마나 변덕스러운지, 얼마나 교만하고, 얼마나 무자비한지, 그리고 고삐 풀린 망아지처럼 얼마나 많은 욕심을 부렸는지 말씀드려야 한다.

기억할 수 있는 모든 잘못을 고백해야 한다. 하나님에게 조금도 숨기려고 해서는 안 된다. 숨기는 것은 불가능하다.

하나님은 모든 것을 알고 계신다. 그러니 주저하지 말고 모두 말씀드려야 한다. 저녁에 불어오는 강한 바람에게조차 알리고 싶지 않은 죄와 더할 수 없는 비밀까지 고백해야 한다. 남김없이 말해야 한다. 진심으로 털어놓아야 한다.

하나님에게 고백하는 것은 영혼에 도움이 된다.

"죄를 자복하고 버리는 자는 불쌍히 여김을 받으리라"(잠 28:13).

나는 지금 어두운 굴에 있다면 은밀하고 조용한 곳에서 홀로 하나님과 함께하며 마음을 모두 쏟아놓기를 권한다. 다윗은 이렇게 말한다.

"내가 내 원통함을 그의 앞에 토로하며"(시 142:2)

굳이 멋진 표현을 사용하겠다고 생각할 필요가 없다. 고백의 언어는 단순한 말이 아니다.

하나님 앞에 문제를 내어놓아야 한다. 어린아이가 어머니에게 걱정을 말하듯이 염려, 불평, 불행, 두려움을 주님에게 알려야 한다. 있는 그대로 알리면 우리의 영혼에 놀라운 위로가 임한다. 그러니 가장 먼저 하나님을 찾아가야 한다. 그분에게 고백해야 한다.

하나님을 유일한 소망으로 삼으라

계속해서 하나님의 자비 이외에 별다른 소망이 없다는 것을 하나님에게 인정할 필요가 있다. 다윗처럼 말해야 한다.

"오른쪽을 살펴보소서 나를 아는 이도 없고 나의 피난처도 없고 내 영혼을 돌보는 이도 없나이다"(시 142:4)

우리에게는 그저 한 가지 소망이 있을 뿐이다. 그것을 인정하는 게 중요하다. 여러분은 선행을 통한 구원을 기대했을지 모른다. 그것들은 한꺼번에 모아놓았다고 해도 조금의 가치도 없다. 종교적인 행위로 구원을 받고 싶어 할 수 있다. 그것의 절반은 위선이다. 위선을 가지고 어떻게 구원을 기대할 수 있을까? 감정을 통해서 구원받기를 바랄 수 있을까?

우리의 감정은 어떨까? 날씨만큼이나 변덕스럽다. 살짝 바람이 불기만 해도 좋았던 감정이 하나님을 불평하고 거스르는 상태로 뒤바뀔 수 있다.

하나님의 법을 지킬 수는 없다. 하나님의 법은 천국에 들어갈 수 있는 유일한 길이다. 하나님의 계명을 완벽하게 지키면 구원이 가능하다. 한 번이라도 죄를 범하지 않았다면 말이다. 그렇지만 죄를 범했으니 구원은 불가능하다. 미래의 순종이 과거의 불순종을 씻어낼 수 없기 때문이다.

하나님이 죄의 대속자로 세우신 그리스도 예수만이 우리의 유일한 소망이다. 그것을 인정해야 한다. 의심과 두려움이라는 굴에서 자신에 대한 절망의 습기가 가시지 않고, 다가오는 진노에 대한 공포로 소름이 돋고 몸을 제대로 움직이지 못해도, 그리스도 안에 계신 하나님을 믿기만 하면 반드시 온전한 평안을 누릴 수 있다.

자유를 간구하라

그리고 나서 여전히 의심과 죄의 굴속에 있다면 하나님에게 자유하기를 간구하라. 다윗이 굴속에서 한 기도는 우리의 기도와는 다르다.

"내 영혼을 옥에서 이끌어 내사 주의 이름을 감사하게 하소서"(시 142:7)

오늘 밤 감옥에 있다면 우리 스스로 벗어나지 못한다. 감옥의 창살을 붙잡고 흔들어도 소용없다. 손으로는 어찌할 수 없다.

골똘히 생각하고 궁리한다고 해도 거대한 철문을 여는 것은 불가능하다.

그러나 우리에게는 그 철문을 깨뜨릴 수 있는 손이 있고, 쇠창살을 자를 수 있는 능력이 있다. 쇠창살에 갇힌 우리를 위해 그것을 깨뜨려서 자유롭게 할 수 있는 손! 우리는 죄인이 될 필요가 없으며 더 이상 갇혀 있을 필요도 없다.

구주 예수 그리스도를 통해서 마음대로 걸어 다닐 수 있다. 그리스도를 믿기만 하면 된다. 당장 믿음을 갖고 다윗의 기도를 반복하라.

"내 영혼을 옥에서 이끌어 내사 주의 이름을 감사하게 하소서"(시 142:7)

그러면 우리를 자유하게 하신다. 감옥을 벗어나면 하나님의 이름을 찬양하라. 지금도 기억이 난다. 내가 죄에서 풀려났을 때 끝없이 찬양하면서 찰스 웨슬리(Charles Wesley)가 만든 찬송가를 얼마나 자주 불렀는지 모른다.

> 만 입이 내게 있으면 그 입 다 가지고
> 내 구주 주신 은총을 늘 찬송하겠네

오랫동안 막역하게 지내는 알렉산더 플레처(Alexander Fletcher) 박사가 어린이들에게 들려준 말이 생각난다. 감옥에서 나오면 자신을 풀어준 이에게 감사한다는 내용이었다.

하루는 플레처가 올드 베일리로 내려가다가 한 소년이 물구나무를 선 채 바퀴를 돌리면서 다양한 방식으로 춤을 추고 뛰어다니는 모습을 보았다. 그가 소년에게 말을 건넸다.

"무엇을 하고 있는 거니? 즐거워 보이는구나."

그러자 소년이 대답했다.

"여섯 달 동안 갇혀 있다가 풀려났다면 선생님도 무척 기쁘실 거에요."

당연한 일이다. 한 영혼이 더 없이 열악한 감옥을 벗어났다면 기뻐하지 않을 이유가 없다. 그는 〈자유로운 은총과 한없는 사랑〉 그리고 〈아름다운 종소리〉를 거듭 찬양하고, 자유를 가져다 주시는 그리스도를 평생 찬양할 것이다.

지금까지 영혼의 문제 때문에 굴속을 벗어나지 못하는 이들에게 건네고 싶은 조언이다. 하나님의 축복이 함께하시기를 기도한다.

내가 전하려는 내용 이외에 관심을 가질 필요가 없다. 죄책감에 시달리고 있다면 지금까지 설명한 것에 유의해야 한다. 그리고 그밖에 사람들은 앞으로 각별히 주의할 필요가 있다.

고난을 겪는 그리스도인을 위하여

시편은 고난을 겪는 그리스도인의 처지를 잘 보여주고 있다. 고난을 겪는 그리스도인이라니? 요즘에도 그런 일이 있을까? 그런 경우는 얼마든지 가능하다. 누군가 그리스도인이 되면 그는 동료들과 완전히 다른 사람이 된다.

내가 도로변에서 살았을 때의 일이다. 하루는 창가에서 어떤 설교를 해야 할지 궁리하는데 성경 본문이 떠오르지 않았다.

갑자기 한 떼의 새무리가 날아올랐다. 곧이어 새장을 탈출한 카나리아 한 마리가 맞은편에 있는 지붕으로 날아갔다. 그러자 20여 마리의 참새와 다른 사나운 새들이 뒤쫓았다.

불현듯 성경 본문이 떠올랐다.

"내 소유가 내게 대하여는 무늬 있는 매가 아니냐 매들이 그것을 에워싸지 아니하느냐 너희는 가서 들짐승들을 모아다가 그것을 삼키게 하라"(렘 12:9)

새들은 서로 이렇게 말하는 것 같았다.

"여기 노란 녀석이 있다. 런던에서 처음 보는 녀석이다. 우리와 관계없는 녀석이다. 멋진 털옷을 벗겨내고 죽여 버리든지, 아니면 우리처럼 어둡고 우중충한 옷을 입히자."

이것이 바로 세상 사람들이 그리스도인들에게 하고 싶어 하는 행동이다. 어떤 경건한 사내는 공장에서 일하고, 어떤 그리스도인 여성은 출판사에서 근무하고, 또 다른 누군가는 직원이 많은 회사에서 근무한다. 그들은 그리스도를 믿지 않는 동료들로부터 어떻게 괴롭힘을 당하고 놀림과 냉대를 받았는지에 대한 가슴 아픈 사연을 갖고 있다. 지금 우리는 굴속에 있다.

우리는 어찌해야 할지 모른다

이처럼 어떤 상황 앞에서 어찌해야 할지 모를 수 있다. 다윗과 같은 처지일 수 있다.

"내 영이 내 속에서 상할 때에도"(시 142:3)

핍박하는 사람들이 우리와 맞서고, 새로운 신자가 그 같은 일을 겪는다면 당황해서 어찌할 바를 모를 수 있다. 그들은 아주 심각하고 잔인하고 쉬지 않는다. 우리의 순진한 마음을 확인한 그들은 알고 싶지 않은 약점을 건드리는 방법을 찾아낸다.

우리는 이리 사이에 있는 양과 같다. 어디로 가야 할지 알지 못한다. 그럴 때는 다윗처럼 주님에게 말해야 한다.

"내 영이 내 속에서 상할 때에도 주께서 내 길을 아셨나이다"

(시 142:3)

하나님은 우리가 어느 곳에 있는지, 무엇을 감당해야 하는지 정확하게 알고 계신다. 어찌해야 할지 알지 못할 때 하나님을 신뢰하기만 하면 그분이 우리의 길을 인도하시고, 그렇게 하신다고 확신해야 한다.

우리는 시험을 받는다

우리는 큰 시험을 받을 수도 있다.

다윗은 기도했다.

"그들이 나를 잡으려고 올무를 숨겼나이다"(시 142:3)

직장인이라면 종종 겪는 일이다. 한 청년이 그리스도인이 되자 동료들이 실족하게 하려고 한다. 그게 아니더라도 죄책감을 느끼게 하려고 계략을 세운다. 우리에게는 지혜가 필요하다.

나는 우리가 시험에 들지 않고 하나님의 은총 안에 굳게 설 수 있기를 기도한다. 그리스도인 청년 병사들은 막사에서 아주 힘겨운 순간을 맞이할 때도 있지만, 스스로 진정한 병사라는 것을 입증하고 그릇된 길로 안내하는 이들에게 빈틈을 보이지 않을 것이라고 믿는다.

친구들이 등을 돌리면 고통스럽다. 다윗은 말했다.

"나를 아는 이가 없다"(142:4)

우리는 어떻까? 부모가 걸림돌이 되는가? 아내나 남편이 걸림돌이 되고 있는가? 형제나 자매에게 위선자 취급을 받고 있는가? 집에서 손가락질과 조롱을 받고 있는가? 그리고 우리가 그토록 행복해 하는 주님의 식탁을 떠나서 집에 들어설 때 가장 먼저 욕을 듣고 있는가?

대부분 그런 일을 겪는다는 것을 알고 있다. 런던에 있는 그리스도의 교회는 소돔에 살던 롯과 같다. 특별한 이웃들과 함께 살아가는 것은 그리스도인들에게 결코 쉬운 일이 아니다. 어디를 가더라도 상스러운 소리를 피할 수 없다. 그리고 자녀들 역시 전혀 경건하지 않은 환경 때문에 마음대로 돌아다니지 못한다. 우리가 보기에 상황이 나아지기는커녕 점점 나빠지고 있다. 보다 더 밝은 세계를 기대하는 이들은 두 눈을 뜨고 지켜볼 수 없을 정도이다.

이런 도시에서 막 그리스도를 믿기로 작정한 이들을 위해서 기도하는 것은 아주 중요하다. 가끔 가족들이 최악의 적이 되기도 하기 때문이다. 이렇게 말하는 사람도 있다.

"내가 찾아갈 수 있는 그리스도인 친구가 있더라도 개의치 않습니다. 언젠가 대화를 나눴는데도 내게 관심을 보이지 않았거든요."

갓 그리스도인이 된 사람은 이런 태도에 상처를 받는다. 구원을 받은 지 얼마 안 된 사람이 여기에 있다고 가정해 보자. 그는 진정으로 애정을 갖고 마음을 그리스도에게 바쳤는데, 그의 상사 역시 그리스도인인데 자신의 사정을 털어놓을 엄두를 내지 못한다.

상사는 그의 사정을 전혀 알아차리지 못한다. 공감을 표시하지도 않는다. 오래 전에 그리스도인이 된 동료가 같은 부서에서 일하고 있어서 이 새로운 신자가 자신의 문제를 털어놓지만 그는 얼마 지나지 않아서 까칠하게 대하고 싫어한다.

그리스도인들 가운데 누군가는 신앙생활을 시작한 지 얼마 지나지 않은 사람들의 문제와 담을 쌓고 관심을 보이지 않는다. 그런 일이 있으면 안 된다. 우리는 그리스도의 군대에 입문해서 적들 때문에 어려움을 겪는 사람에게 사랑을 베풀어야 한다.

그들은 굴속에 있다. 최선을 다하고 있는 그들과의 관계를 단절해서는 안 된다. 그들과 나란히 서야 한다. 자신이 그리스도인이라는 사실을 밝혀야 한다. 새롭게 믿음을 가진 사람을 조롱하겠다면 그 절반을 감당하고, 비방까지도 함께하겠다고 말해야 한다. 동일한 믿음을 갖고 있으니 그것이 마땅하다.

그럴 만한 용의가 있는가? 우리 가운데 누군가는 그렇게 하리라고 확신한다. 주님이 계시한 진리를 주장하는 하나님의 사람과 함께할 수 있을까? 누군가는 그렇게 할 것이다. 하지만 상당수의 사람들이 몸을 사리거나, 혹은 의를 위한 싸움을 피할 수 있다면 즐거운 마음으로 집으로 돌아가서 전투가 막을 내릴 때까지 잠을 잘 것이다. 하나님이 새롭게 믿음생활을 시작한 이들과 하나님과 그리스도와 함께 하도록 은총을 허락하셨으니 주님이 다시 오시는 날에 그들과 더불어 기억되어야 한다.

우리는 약하다고 생각한다

우리의 가장 큰 약점은 스스로 약하다고 생각하는 것이다. 우리는 이렇게 말한다.

"강하다고 생각할 때는 박해가 두렵지 않습니다. 하지만 나는 너무 약합니다."

이제는 강하다고 생각하는 것과 강한 것을 구별해야 한다. 강하다고 생각하는 사람은 약한 사람이다. 약하다고 생각하는 사람이 강하다. 바울은 말했다.

"내가 약한 그때에 강함이라"(고후 12:10)

다윗은 이렇게 기도한다.

"나를 핍박하는 자들에게서 나를 건지소서 그들은 나보다 강하니이다"(시 142:6)

하나님의 능력에 몸을 숨겨야 한다. 간절히 기도해야 한다. 하나님을 피난처와 유업으로 삼아야 한다. 하나님을 신뢰하면 적들보다 더 강해질 것이다. 그들이 끌어내리더라도 곧 다시 일어설 것이다. 적들이 풀 수 없는 문제를 가져다 줄 수 있다. 과학적 지식을 제기해서 불이익을 안길 수도 있다. 그렇더라도 걱정할 필요가 없다. 굴속으로 인도하신 하나님이 언젠가는 상황을 뒤바꿀 것이다. 계속해서 끝까지 포기하지 않으면 된다.

그리스도인이 되는 데 다소 어려움이 있을 수 있다는 것에 오히려 감사해야 한다. 그리스도인이라고 고백하는 게 지나치게 평범한 일이 되었기 때문이다. 내 생각이 옳다면 그리스도인이라고 자처하는 사람이 훨씬 줄어들 것이다. 분명히 선을 그을 때가 올 것이다. 그리스도인으로 살고 싶지 않으면서, 그리스도의 이름을 간직한 채 세상 사람들처럼 행동하고 세상의 즐거움과 어리석음을 사랑할 때, 우리 가운데 누군가는 선을 긋는 데 도움을 줄 것이다.

주님의 집에서 신앙을 가진 이들과 그렇지 않은 이들이 나뉘어져서 구분될 때가 있다. 우리는 너무 오래 함께 섞여서 살아왔다. 그리고 그리스도인들이 피할 수 없는 순간이 닥칠 것이다. 진정한 믿음의 사람들에게는 좋은 일이다. 그때 알곡과 쭉정이가 갈라진다. 불에 달궈진 용광로에 들어가면 정금이 만들어진다. 불순물이 분리되기 때문이다. 굴속에 있다면 용기를 내야 한다. 하나님이 적절한 순간에 바깥으로 이끌어내실 것이다.

성숙한 그리스도인의 기도

마지막으로, 보다 더 크게 영광을 돌리고 보다 더 폭넓게 예배할 준비가 된 그리스도인의 모습을 소개한다.

하나님이 누군가를 위대하게 해 주실 때마다 언제나 먼저 잘게 부수는 것은 이상한 일이 아니다. 주님이 존귀하게 해 주려는 사람이 있었다. 주님은 어떻게 하셨을까?

어느 날 밤 주님이 그를 찾아가셔서 씨름했던 사연은 이렇다. 우리는 야곱의 씨름을 잘 안다. 감히 말하자면, 야곱은 씨름했지만 그 씨름의 주인공이 아니었다.

"어떤 사람이 날이 새도록 야곱과 씨름하다가"(창 32:24)

하나님은 환도뼈를 쳐서 어긋나게 하시고 하나님과 겨루어 이겼다는 뜻에서 그를 "이스라엘"이라고 부르셨다. 씨름의 목적은 그의 힘을 빼앗는 것이었고, 그가 힘을 완전히 잃자 '승리자'라고 부르셨다.

그런데 다윗은 이스라엘을 다스리는 왕이 되어야 했다. 다윗이 예루살렘으로 가는 길은 어디에 있었을까? 왕의 자리에 오르는 길은 어디에 있었을까? 그것은 아둘람의 굴 주변에 있었다. 그는 그곳으로 가야 했다. 법을 어기고 추방당하는 처지가 되어야 했다. 그것이 바로 왕이 될 수 있는 길이었기 때문이다.

하나님이 우리의 지경을 넓혀 주시고 봉사의 한계를 확대시켜 주시고, 영적 삶을 위해서 더 높은 기반을 마련해 주실 때마다 내던지신다는 것을 깨달은 적이 있는가? 그것이 하나님이 일하시는 방법이다.

하나님은 먹이기 전에 주리게 하신다. 입히기 전에 벗기신다. 존귀하게 하기 전에 보잘 것 없게 하신다. 이게 다윗을 다룬 방식이었다. 그는 예루살렘에서 왕이 되었지만 굴속을 거쳐 왕의 자리로 나가야 했다. 하나님의 나라에 들어가고 보다 거룩한 성화의 수준에 도달하여 더 크게 쓰임을 받고 싶은가? 그렇다면 굴을 지나더라도 이상하게 생각하면 안 된다. 어째서 그럴까?

기도하는 방법을 익히라

하나님에게 크게 쓰임을 받고 싶으면 먼저 하나님으로부터 기도하는 법을 익혀야 한다. 탁월하게 설교를 하더라도 기도하지 못하면 결과는 좋을 수 없다. 기도하지 못하면서 성경공부를 잘 인도하는 사람은 이미 나쁜 결말을 맞이한 것이다. 기도하지 않으면서 탁월해질 수 있다면 그것 때문에 파멸하게 될 것이다.

하나님이 크게 축복하시려고 한다면 간절하게 기도하게 하신다. 하나님이 다윗에게 왕의 자리에 다가갈 준비를 하면서 이렇게 고백하게 하신 것도 그 때문이다.

"내가 소리 내어 여호와께 부르짖으며 소리 내어 여호와께 간구하는도다"(시 142:1)

늘 하나님을 신뢰하라

계속해서 하나님에게 높임을 받고 싶은 사람은 곤경에 처할 때도 늘 하나님을 신뢰해야 한다.

"내 영이 내 속에서 상할 때에도 주께서 내 길을 아셨나이다"(시 142:3)

곤경에 처한 적이 있는가? 하나님은 우리를 큰 파도가 치는 바다에서 일하도록 보내지 않으신다. 그러면 오래 되지 않아 폭풍으로 곤경에 처한 채 정신을 차리지 못할 것이다.

이때 자신을 믿는다면 하나님을 신뢰하는 게 어렵지 않다. 하지만 스스로를 믿지 못하고 지치고 극심한 절망 속에서 영혼이 얼어붙는 바로 그때가 하나님을 신뢰해야 할 순간이다. 만일 그렇게 하기만 하면 하나님에게 속한 사람들을 인도하고 다른 이들을 위로할 수 있는 자격을 갖추게 된다.

"그럴더라도 나는 분깃을 잃어버리지 않습니다. 하나님이 나의 분깃이시기 때문입니다. 그분은 나의 일, 수입 그리고 모든 것이 되어주십니다. 그러니 무슨 일이 있더라도 그분을 붙잡을 것입니다."

홀로 서라

하나님의 사람이 더 크게 쓰임 받으려면 홀로 서는 법을 배워야 한다.

"오른쪽을 살펴보소서 나를 아는 이도 없고 나의 피난처도 없고 내 영혼을 돌보는 이도 없나이다"(시 142:4)

도움을 받을 수 있는 사람이 필요하다면 아주 충실한 추종자를 만들 수 있다. 그렇지만 다른 사람이 필요 없고 홀로 설 수 있다면 하나님이 도움을 베풀어서 지도자가 되도록 도우신다.

루터가 로마 교회를 벗어난 것은 대단한 일이었다. 주변의 괜찮은 사람들이 말했다.

"루터, 입조심하게. 함부로 말하면 화형대에 오르게 될 걸세. 쓰레기더미를 삼키게 되더라도 로마 교회 안에 머물도록 하게. 우리는 복음을 믿을 수 있으니 여전히 자리를 지킬 수 있네."

하지만 루터는 교황과 맞서 하나님의 순수한 복음을 선언하지 않을 수 없다고 생각했다. 그는 자신이 맞서야 할 악마들이 보름스 성의 지붕에 있는 기와처럼 많더라도 진리를 위해서 홀로 일어서야 했다. 하나님은 이런 사람을 축복하신다. 젊은이들이 자신이 처한 곳에서 용기 있게 이렇게 고백하기를 하나님에게 간구한다.

"필요하다면 홀로 설 수 있습니다. 동료들과 어울려 지내는 게 기쁘지만, 누구도 나와 더불어 천국에 가려고 하지 않는다면 그들과 작별하고 하나님이 사랑하시는 아들의 은총에 의지해서 홀로 하늘나라로 가겠습니다."

하나님만 즐거워하라

한 번 더 말하자면, 하나님이 축복하시는 사람은 하나님만 즐거워하는 사람이다. 다윗은 말한다.

"주께서 나의 앞뒤를 둘러싸시고 내게 안수하셨나이다"(시 142:5)

하나님이 우리의 피난처와 분깃이 되시기를 간구한다. 직업을 잃을 수 있다. 수입이 끊길 수 있다. 동료들에게 따돌림을 당할 수 있다. 그렇지만 믿음의 사람은 이렇게 말한다.

"그렇더라도 나는 분깃을 잃어버리지 않습니다. 하나님이 나의 분깃이시기 때문입니다. 그분은 나의 일, 수입 그리고 모든 것이 되어주십니다. 그러니 무슨 일이 있더라도 그분을 붙잡을 것입니다."

우리가 "여호와를 기뻐하는" 법을 배웠다면 "그분은 여러분의 마음의 소원을 네게 이루어 주실"(시 37:4) 것이다. 지금 우리는 하나님이 사용하시고 귀하게 하실 만한 수준에 도달해 있다. 하지만 하나님을 귀하게 여기지 않으면 하나님도 결코 귀하게 여기시지 않는다. 하나님은 우리가 이 세상에서 분깃을 누리지 못하게 하신다. 만일 우리가 그것을 누리게 되면 그분에게 속한 사람들이 아니기 때문이다.

믿는 이들에게 관심을 베풀라

하나님이 사용하시는 사람은 어려움을 겪는 하나님의 사람들에게 관심을 갖는 법을 익혀야 한다. 때문에 우리는 "나는 심히 비천하니이다"(시 142:6)라는 다윗의 기도에 주목해야 한다.

존 버니언의 『천로역정』에 등장하는 대담 씨(Mr. Greatheart)는 순례의 길을 가로막는 거인 그림(Giant Grim)과 그 외의 여러 거인을 물리칠 정도로 강력했지만, 다른 사람들을 이끄는 지도자가 되기 위해 홀로 그 길을 가야 했다.

교회에서 크게 쓰이고 하나님의 축복을 누리게 될 사람을 누구보다 먼저 하나님이 시험하신다는 사실을 기억해야 한다. 하나님의 일꾼들이 겪는 시험의 절반, 혹은 열에 아홉은 그들과 무관하다. 그것들은 다른 이들의 행복을 위한 것이다. 어려움 없이 천국에 들어가는 사람들이 많지만 누구나 그런 것은 아니다. 언제나 순탄하지 않은 믿음생활을 하는 주님의 자녀들은 다른 사람들을 더 잘 도울 수 있다. 울 때 함께 앉아서 울 수 있고, 즐거워할 때 함께 즐거워할 수 있다.

굴속에서 철저하게 영적인 훈련을 받고 있는 사람들은 그게 바로 하나님이 자신들을 존귀하게 만드는 방법이라는 것을 깨닫고 위로를 받아야 한다. 하나님은 우리를 꺼내신다. 오랫동안 막혀서 전혀 물이 흐르지 않는 개천이지만, 하나님은 더 많은 은혜가 흐를 수 있도록 파내신다. 하나님은 삽으로 철저하게 파내어 한 쪽으로 던져 버리신다.

우리가 간직하고 싶어 하는 것을 내던지고 들어내고 파내면 엘리사의 예언이 이루어질 것이다.

"여호와의 말씀이 이 골짜기에 개천을 많이 파라 하셨나이다 여호와께서 이르시기를 너희가 바람도 보지 못하고 비도 보지 못하되 이 골짜기에 물이 가득하여"(왕하 3:16-17)

우리는 하나님이 영화롭게 만드실 수 있게 연단을 받아야 한다.

언제나 찬양하라

하나님에게 사용되려면 언제나 찬양해야 한다. 다윗의 기도에 귀를 기울여야 한다.

"내 영혼을 옥에서 이끌어내사 주의 이름을 감사하게 하소서 주께서 나에게 갚아 주시리니 의인들이 나를 두르리이다"(시 142:7)

유익을 위해서 연단을 받고 믿음의 성장을 위해서 핍박을 받는 이들에게 하나님은 찬양할 수 있는 은총을 허락하신다. 찬양을 하는 이들은 앞으로 나서는 법이다. 누구보다 찬양을 잘하는 사람들은 다른 사람들을 움직이게 만들 수 있다.

우울한 지도자를 따르고 싶은 사람은 없다. 〈사울의 죽음의 행진곡〉에 맞추어 춤출 수 없다. 우리 병사들이 만일 워털루에서 그 곡에 맞추어 전투를 벌였다면 승리하지 못했을 것이다. 절대 그럴 수 없다. 즐겁게 찬양하는 사람이 필요하다.

"너희는 여호와를 찬송하라"(출 15:21)

칼을 뽑아 들고 근거지를 공격해야 한다. 즐거운 마음을 갖고 있다면, 주님 안에서 기뻐하고 어떤 시험과 고난에도 즐거워한다면, 그리고 비천해진 것 때문에 더 즐거워하게 되면, 하나님은 우리를 존귀하게 하시고 자신에게 속한 사람들이 더 큰 은총을 누리게 할 수 있는 지도자로 삼으실 것이다.

지금껏 세 가지 유형의 사람들을 소개했다.

하나님은 각자에게 필요한 은총을 허락하신다. 만일 어두운 굴속에서 죄책감에 시달리는 첫 번째 종류의 사람을 만나면 서로 교제하고 싶더라도 그러면 안 된다. 위로하는 마음이 되어야 한다. 자신을 먼저 챙겨서는 안 된다.

상처받은 사람이 타고 있는 작은 배에 접근하려면 노를 저으면서 그와 대화가 가능한지 확인해야 한다. 그러고 나서 그에게 위로의 말을 건네야 한다.

언제나 이렇게 실천해야 한다. 만일 우리가 갇혀 있다면 벗어날 수 있는 방법은 다른 사람들이 벗어나도록 돕는 것이 최선이다. 욥이 자신의 친구들을 위해서 기도하자 하나님은 그가 억눌린 상태를 벗어나게 해 주셨다.

우리가 서로 돌보고 남을 돕기 위해서 노력하면 하나님의 축복을 누릴 수 있다. 그런 일이 일어나서 주님에게 영광을 돌릴 수 있기를 기도한다.

3

기도, 솔로몬에게 배우라

여호와께서 전에 기브온에서 나타나신 것이 다시 솔로몬에게 나타나서 여호와께서 그에게 이르시되 네 기도와 네가 내 앞에서 간구한 바를 내가 들었은즉 나는 네가 건축한 이 성전을 거룩하게 구별하여 내 이름을 영원히 그곳에 두며 내 눈길과 내 마음이 항상 거기에 있으리니 _ 왕상 9:2-3

여호와께서 전에 기브온에서 나타나심 같이 다시 솔로몬에게 나타나사 여호와께서 그에게 이르시되 네 기도와 네가 내 앞에서 간구한 바를 내가 들었은즉 나는 네가 건축한 이 성전을 거룩하게 구별하여 내 이름을 영원히 그곳에 두며 내 눈길과 내 마음이 항상 거기에 있으리니 _ 왕상 9:2-3

기도의 본질

 성전을 건축해야 하는 중대한 사역을 시작하기에 앞서 주님이 나타나신 것은 솔로몬에게 무척 격려가 되었다. 열왕기상 3장 5절은 이렇게 전한다.

 "기브온에서 밤에 여호와께서 솔로몬의 꿈에 나타나시니라 하나님이 이르시되 내가 네게 무엇을 줄꼬 너는 구하라"

 우리 중 누군가는 중요한 일을 시작하는 순간에 주님이 어떻게 함께하셨는지 기억한다. 젊어서 새롭게 회심한 우리들은 열정적으로 그리고 간절히 주님을 위해서 무엇이든 하겠다고 결심했다. 진정으로 주님의 얼굴을 소망했다. 순수하고 애정 어린 마음으로 주님을 의지하고 자신에 대한 신뢰를 포기했다.

 주님이 그렇듯 우리 역시 첫사랑을 기억하고 있다. 나는 주님이 기브온에 처음 나타난 순간을 잊지 못한다. 사실 그리스도인들의 삶 가운데 처음에 하나님이 나타나시지 않으면 처리할 수 없는 일들이 있다. 주님이, 능력과 가르침 그리고 우리의 한계를 넘어서는 지혜를 주시지 않았다면, 기운을 북돋아 주시지 않았다면, 생기를 불어넣으시지 않았다면 우리는 그 무엇도 해내지 못했을 것이다. 하나님과 더불어 시작하고 주님이 나타나신 다음에 중요한 일의 기초를 놓을 수 있다는 것은 놀라운 축복이다.

하지만 어떤 일이 마무리되고 나서 주님이 우리에게 나타나시는 것 역시 그와 같거나, 그 이상의 축복일 수 있다. 이 경우 역시 그랬다.

"여호와께서 전에 기브온에서 나타나심 같이 다시 솔로몬에게 나타나사"(왕상 9:2)

솔로몬은 이제 성전 건축을 마쳤고 하나님의 또 다른 임재가 필요했다.

일을 마무리하면 무척 즐겁다. 그런데 최선을 다했는데 허탈하기도 하고, 언덕을 내달려서 더 이상 올라갈 곳이 없는 정상에서 다시 한 번 힘을 쓰고 싶을 때가 있다.

솔로몬은 7년간 공사를 진행하면서 성전이 형태를 갖추고 아름답게 건축되는 과정을 즐겁게 지켜보았을 것이다. 우리가 처음에 부름을 받은 특별하고 중요한 일 역시 마찬가지였다. 우리는 그런 일에 몰두하고 직접 완성해 가는 모습을 바라보며 즐거워한다. 그러다가 마침내 맡은 임무를 끝내면 허탈함을 느낀다. 우리는 끌고 가는 데 익숙해져서 대체로 그렇게 행동하다가 정상에 도달하면 마음이 바뀐다.

나는 성공을 해도 들뜬 기분에 사로잡힌 적이 전혀 없었으며, 격전을 치르면 마음이 다소 가라앉는 경험을 한다.

하나님의 위대한 종들이 등장하는 일화에도 같은 사례가 등장한다. 엘리야의 경우가 특히 관심을 끈다. 엘리야는 갈멜산에서 놀라운 일을 완수하고 바알 선지자들을 처리했다. 잠시 우쭐했던 그는 들뜬 마음으로 왕이 타고 있는 병거를 앞질러서 달려갔다. 하지만 그 이후에 고통스런 반응에 직면한다.

솔로몬의 경우는 달랐다. 솔로몬 역시 성전이 완성되었을 때 몹시 결핍된 상태에 놓여 있었던 것으로 보인다. 우울해 하지 않았다면 교만이라는 위험에 직면한 듯하다. 어떤 경우에 해당하든지 그것은 중요한 순간이었고, 그런 결핍 역시 중요했다.

"여호와께서 전에 기브온에서 나타나심 같이 다시 솔로몬에게 나타나사"(왕상 9:2)

우리에게는 하나님의 새로운 출현, 새로운 나타나심, 새로운 임재가 필요하다. 덧붙여 과거에 대해 하나님에게 감사하고 처음에 그분이 찾아오신 것을 기쁘게 돌아보는 삶을 살고 있는 여러분이 한 번 더 하나님의 임재를 간구하도록 권한다.

하나님이 종종 찾아오시고, 여러분이 그분의 빛 속에서 걸어가는 것을 무시하는 게 아니다. 바다에는 하루 두 번씩 만조가 있지만 한사리도 있다. 태양은 우리가 지켜보든 말든, 겨울 안

기도, 솔로몬에게 배우라

개가 끼든 말든 밝은 빛을 발하지만 여름이면 더 강렬해진다.

늘 하나님과 동행하면 마음에 간직한 비밀을 보여주시고 직접 모습을 드러내실 때가 있다. 세상은 물론 사랑하는 사람들에게도 늘 이렇게 하시지는 않는다. 날마다 궁전에서 연회가 열리지 않듯이 주님이 영광을 드러내는 특별한 영혼의 안식일처럼 하나님과 함께하는 날이 항상 맑고 밝지만은 않다.

한 번이라도 하나님을 만났다면 그는 행복한 사람이다. 그러나 하나님이 충만한 은혜로 다시 찾아오시면 그보다 훨씬 더 행복하다.

우리는 그런 두 번째 나타나심을 간구해야 한다. 다시 말씀하도록 아주 간절하게 하나님에게 간구해야 한다. 일부의 주장과 달리 우리에게는 또 다른 회심이 필요 없다. 그러지 않기를 바란다. 주님이 우리를 염려해서 흔들리지 않도록 지켜주시면 일부에서 주장하는 "거룩한 삶"을 이미 소유하고 있는 것이다.

우리는 대부분 영적 생활을 시작할 때부터 이런 삶을 살았다. 거듭해서 회심할 필요는 없다. 하지만 우리 머리 위에서 하늘문이 거듭 열리고, 오순절이 반복되고, 독수리처럼 달려도 지치지 않고, 걸어가도 피곤하지 않을 수 있는 젊음을 회복해야 한다. 주님이 솔로몬에게 내려 주신 축복을 누구나 누리게 되기를 기도한다.

"여호와께서 전에 기브온에서 나타나심 같이 다시 솔로몬에게 나타나사"(왕상 9:2)

그런데 주님이 나타나서 솔로몬에게 하신 말씀은 기도에 관한 것이었다. 주님이 그 기도에 응답하시고 두 번째 나타나서 반복하셨듯이 솔로몬의 기도에는 우리가 모범으로 삼을 내용이 많다. 기도의 응답을 받은 사람들을 좇아서 기도하는 것은 옳은 일이다.

다음은 하나님이 응답된 기도에 대해 직접 설명하시는 내용을 살펴보려고 한다.

기도에 적합한 곳

주님은 이렇게 말씀했다.

"네 기도와 네가 내 앞에서 간구한 바를 내가 들었은즉"

우리가 기도해야 하는 곳은 "내 앞" 즉 주님의 앞이다. 다음과 같은 문제를 잠시 검토해 보자.

**주님을 찾을 때마다 만나게 되고,
그러면 어느 곳이든지 거룩한 땅이 된다.**

그곳이 신중하고 경건하게 하나님 앞에 바치는 기도 때문에 거룩해진다는 사실에 유의해야 한다. 이런 곳은 항상 접근하기 어렵다. 바리새인은 기도하러 성전으로 올라갔지만 하나님 앞에서 기도하지 않아서 가장 거룩한 뜰에서도 기도에 적합한 곳을 찾지 못한 게 분명하다. 바리새인은 자신을 내세우면서 기도했지만 의로움을 인정받지 못하고 집으로 돌아갔다. 그가 기도하지 않았거나 하나님 앞에서 기도하지 않았다는 증거였다.

교회의 문을 지나서 자리에 앉았다고 해서 하나님 앞에 있는 게 아니다. 교회에서 소중하게 인식하는 성지를 찾아가고, 예루살렘의 유적지를 방문하고, 갈보리라는 해골처럼 생긴 작은 언덕에서 기도하거나 감람산을 찾아가서 겟세마네 동산에서 무릎을 꿇더라도 하나님 앞에 있는 것이 아니다.

어느 때는 교회를 가까이 할수록 하나님과 그만큼 더 멀어진다. 교회의 중앙이나 기도 모임에서도 하나님과 전혀 무관할 수 있다. 하나님 앞에서 기도하는 것은, 동쪽이나 서쪽을 향해 무를을 꿇는 행동이나 오랫동안 거룩하다는 성에 들어가는 것보다 더 영적인 일이다.

기도는 아주 쉽지만 하나님 앞에서 하는 기도는 다르다. 그리 만만하지 않다. 기도는 실제로 성령의 능력이 아니면 불가능하다. 휘장 안으로 들어가야 한다(히 6:19). 피를 남김없이 뿌리는 기도실에서 "백성들아 그 앞에 마음을 토하라"(시 62:8)고 하는 명령을 눈으로 볼 수 없는 임재 속에서 의식적으로 그리고 실제로 수행해야 한다. "그분 앞"은 영혼을 쏟는 곳이라서 그곳을 알고 찾아가는 이들에게 복이 있다.

"하나님 앞"이라는 복된 장소는 공중기도에서 발견할 수 있다. 솔로몬은 수많은 군중이 보는 가운데 하나님에게 기도했다. 제사장들이 자리를 지키고 레위인들이 정렬해 있었다.

사람들이 한자리에 모였으며 이스라엘 지파의 군대들이 거룩한 성의 거리에 서 있었는데, 그때 솔로몬이 무릎을 꿇고 하나님에게 크게 부르짖었다. 그는 사람들을 즐겁게 하려는 기도를 하거나 유창한 말이나 적당한 행동으로 만족시키려고 기도한 게 아니었다. 주님 앞에서 기도하고 싶은 마음에 사로잡혔다.

우리 가운데 경건한 삶을 지도하는 이들은 여러 사람들 앞에서 기도할 때 하나님이 은밀하게 바라보시도록 노력해야 한다. 열등감에 빠져 있거나 근심에 사로잡혀 있을 때, 지극히 높은

분이 거하시는 은밀한 곳에 갇혀 있거나 하나님의 사람들이 모인 집회에서 간절히 소리 내어 기도할 때도 바르게 혹은 효과적으로 기도할 수 없다고 확신한다. 이것은 우리 모두에게 해당되는 일이다. 중요한 사람을 염두에 두거나 참석자들에게 존경을 받으려고 기도하는 것은 잘못이다.

기도실은 능력을 과시하는 곳이 아니다. 기도를 다른 사람들에 대해 거론하는 기회로 삼는 것은 아주 큰 잘못이다. 애매하게 암시하는 기도를 듣기도 한다. 다른 사람의 발언을 직접적으로 비난하고 공격하는 기도를 듣고 가슴 아플 때도 있었다. 이런 식의 행동은 불쾌하고 부적절하다.

우리는 기도 모임에서 교리적인 잘못을 바로잡거나 믿음의 사람들을 가르치는 기도를 하면 안 된다. 누군가의 실수를 거론하거나 지극히 높은 분 앞에서 나무라는 것도 마찬가지다.

이런 일들은 진지하게 간구할 일이지 기도를 통해 간접적으로 비난할 수 있는 게 아니다. 남의 잘못을 찾아내는 기회로 기도를 변질시키는 것은 그리스도인을 비난하는 이들이나 할 만한 행동이다.

우리의 기도는 "하나님 앞에서" 이루어져야 하고 그렇지 않을 경우에는 용납되지 않는다. 다른 사람들의 눈과 기억, 생각을 차단할 수 있다면, 최소한의 관심만 유지할 수 있다면 진정으로 하나님의 임재 안에서 기도할 수 있다. 그리고 하나님의 은혜가 허락되면 공중기도에서 그런 일이 가능할 것이다.

우리는 이렇게 기도해야 한다.

"주여 내 입술을 열어 주소서 내 입이 주를 찬송하여 전파하리이다"(시 51:15)

무심코 잘못을 범하지 않는다고 자신할 수는 없다. 하나님 앞에서 하는 기도는 더 쉽게 시도할 수 있다.

여러분은 지금 즐겨 기도하는 방에 있다고 하자. 마음의 갈피를 잡지 못한 채 무릎을 꿇고 거룩한 말을 되풀이 하는 자신이 떠오르지는 않는가? 하나님을 마주하듯이 방의 벽이나 침대를 마주한 채 습관적으로 기도하지 않는가?

주님의 임재를 의식하지 못하면 그분에게 직접적으로 말씀드리지 못한다. 성경을 읽고 다른 사람들의 간섭을 받지 않도록 문을 닫아도 스스로 만족하는 기도를 할 뿐 조금도 하나님을 가까이 할 수 없다.

스스로에게 경건한 말을 하는 것은 무익하다. 마음을 자신의 마음에 쏟아 붓고, 영혼을 자신의 영혼에 쏟아 부어도 효과가 없다. 그것은 자신을 비우고 하나님을 채우는 게 아니다. 바닥의 앙금처럼 남아 있는 것을 휘젓는 것에 불과하다. 거룩한 명령이 제시하는 방법이 훨씬 더 낫다.

"백성들아 시시로 그를 의지하고 그의 앞에 마음을 토하라"
(시 62:8)

완전히 뒤엎어서 하나님 앞에 내놓고 더 좋고 더 거룩한 것이 들어올 수 있는 공간을 마련해야 한다. 자신의 영혼을 자신 안에 쏟아 붓는다면 효과는 없다. 그렇지만 더러 우리의 기도가 그렇게 귀결되기도 한다.

하나님의 공급은 받아들이지 않고 부족한 것을 되풀이 한다. 능력을 받아들이지 않고 약함을 한탄한다. 능력을 인정하지 않고 무가치하다고 생각한다. 간구의 핵심은 다른 사람들이나 자신 앞에서 기도하는 게 아니다. "하나님 앞"에서 기도하는 것이다.

이제 기도가 하나님을 향해야 한다는 게 분명해졌다. 누구나 잘 알고 있다고 대답한다. 하지만 그것을 잊을 때가 많다. 놀이를 즐기는 아이처럼 활과 화살을 닥치는 대로 쏘아댄다. 기도의 방법은 활과 화살을 가지고 있는 힘껏 쏘는 것이다.

그렇다고 서두르면 안 된다. 기다려야 한다. 활시위를 당겨서 화살을 걸고서 기다리고 또 기다려야 한다. 과녁이 눈에 들어올 때까지 기다려야 한다. 과녁의 중심이 환하게 보일 때까지 기다려야 한다.

쏠 곳이 없다면 어째서 화살을 쏘아야 할까? 그러니 본인이

해야 할 일이 무엇인지 파악하기 전까지는 기다려야 한다. 과녁의 중심을 꿰뚫어야 한다. 과녁에 시선을 고정해야 한다. 다윗을 본받아야 한다.

"아침에 내가 주께 기도하고 바라리이다"(시 5:3)

다윗은 화살을 시위에 걸어서 당기고 과녁을 겨냥했다. 이제 다음 조치를 취해야 할 순간이 찾아왔다. 그는 활시위를 놓았다. 방향은 정확했다. 과녁의 중앙을 맞췄다. 그는 눈으로 표적을 포착했고 덕분에 활로 명중시킬 수 있었다.

기도는 분명한 목적을 가져야 한다. 막연한 기도는 호흡의 낭비이다. 시간이 되었다고 기도를 시작하면 어리석다. 우리는 이렇게 생각해야 한다.

'나는 하나님에게 원하는 것을 기도하려고 합니다. 나는 왕 중 왕에게 거룩한 은혜를 한껏 누리게 해 달라고 기도하려고 합니다. 그분을 목표로 기도해야 합니다. 그러면 무엇을 구해야 할까요?'

책에 있는 내용을 인용하거나 직접 꾸며낸 말을 반복한다고 해서 무슨 효과가 있을까? 훌륭한 기도의 모범인 주기도문이 특별하게 낱말이 배열되어 있어서 신통력을 발휘할 것처럼 생각하기도 한다.

그렇지만 진지하게 말하면 이렇다. 마음으로 기도하지 않으면 주님이 일러주신 완벽한 기도를 되풀이해도 소용이 없다. 우리의 영혼이 그 안에 없고 하나님을 향하지 않으면 주님의 말씀을 모욕하는 것이고 번듯할수록 더 큰 죄를 범하는 것이다.

기도를 마법의 일종으로, 간구를 마술사의 주문을 따라 하는 것으로 생각하면 안 된다. 그것은 무익한 미신이고 응답을 받을 수 없는 간구이다. 최선을 다해서 진정으로 하나님에게 기도해야 한다. 그분과 대화해야 한다.

우리는 기도하면서 하나님의 임재를 깨달으려고 노력하는 게 중요하다. 친구에게 말하듯이 하나님과 대화할 수 있다면 기도를 잘한 것이다. 여러분이 거기에 있는 것처럼 하나님이 그곳에 계시다는 것을 확신한다면, 그보다 더 확신하게 되면 기도를 잘한 것이다. 여러분이 하나님 안에 있고 그분이 여러분 안에 있다면, 눈으로 볼 수는 없지만 보는 것보다 더 잘 알고 있듯이 하나님과 대화를 나눈다면 여러분은 기도를 잘한 것이다.

손으로 만질 수 없지만 손보다 더 뛰어난 속사람으로 알아차려서 하나님에게 말한다면, 또한 그분이 존재하신다는 것을 믿고, 부지런히 찾기만 하면 그분이 귀기울이시고 보상하신다는 것을 믿는다면, 그것이 바로 하나님 앞에서 기도하는 것이다.

느낄 수 있고, 또 그 느낌 때문에 감동의 대상과 함께 여러분이 대화를 나누고 고백하는 게 바로 살아계신 하나님 앞에서 간구하는 것이다. 세상 사람들과는 달리 간구를 받아주고 바르지 않은 요구에 흔들리지 않는 바위 같은 존재와 교제해야 한다.

하지만 살아 계신 하나님, 긍휼하신 하나님, 영혼의 모든 필요를 알고 계시는 하나님이어야 한다. 살아서 역사하시는 하나님 앞으로 나와야 한다. 무기력하고 불완전한 신이나 비인격적이고 죽은 신이 아니라 진정한 신, 곧 그리스도 예수 안에 계시는 하나님 앞으로 나와야 한다.

대화의 상대가 우리의 본성을 직접 취하신 독생자의 위격으로 우리와 아주 가까운 하나님이라는 것을 믿는다면 우리의 기도는 진정한 기도가 될 것이다. 그것이 바로 올바른 기도이다. 진리의 하나님이 우리 각자에게 이렇게 응답하실 것이다.

"내 앞에서 네가 기도하며 간구하는 것을 들었다!"

하나님의 도움을 받아 궁전의 바깥에서 안으로 들어가서 하나님과 대화할 수 있도록 간구해야 한다. 우리의 기도가 말에 머무는 수준을 벗어나서 기도의 영으로 주님에게 더 가까이 가려면 주님이 하셔야 한다.

기도한 적이 없다면 가까이에서 들을 준비를 하고 있는 그분에게 지금 기도하라. '무슨 말을 해야 할까요?'라고 묻지 말라. 하나님에게 하고 싶은 말을 하라. 바라는 게 무엇인가? 구원을 바란다면 그분에게 구원을 간구하라. 용서를 바라고 있다면 용서를 간구하라.

우리는 말이 전부라고 하지만 말이 필요 없다. 간구할 말이 없다면 그저 바라보기만 해도 된다. 마음이 바라는 것을 내어놓아야 한다. 가사가 없는 음악이 있을 수 있다면 말 없는 기도 역시 가능하다. 기도하는 영혼은 하나님 앞에 있고 하나님 앞에서 갈망한다. 하나님은 소리 없는 소리를 들으시고 말하지 않는 말을 이해하신다.

마음을 열어야 한다. 그분을 바라보아야 한다. 그리고 우리가 읽을 수 없는 것을 읽을 수 있게 간구해야 한다. 하나님이 우리의 필요가 아니라 그리스도 예수를 통한 풍성한 자비로 베풀어 달라고 간구해야 한다.

하나님의 임재를 깨달을 때 하나님 앞에서 기도하는 것이다. 주님은 말로 표현하도록 요구하시지 않는다. 모르는 게 없는 눈길로 우리 마음에 기록된 것을 읽으신다. 하나님의 능력을 알고 그런 마음으로 간구하는 것이 하나님 앞에서 하는 기도이다.

기도의 목적

잠시 다른 주제를 살펴보자.

하나님은 솔로몬에게 말씀하셨다.

"네 기도와 네가 내 앞에서 간구한 바를 내가 들었은즉"

나는 가끔 이렇게 주장한다. 자신을 소중히 여기지만 다른 사람들에게는 관심이 없는, 요즈음의 똑똑한 사람들은 기도가 유익하고 위로가 되는 훌륭한 활동이라고 간주한다. 하지만 그들은 기도를 통해서 하나님을 움직일 수 있다고 생각해서는 안 된다.

그리고 그들에게 이렇게 묻는다.

"그런 말을 들었는데 계속 기도해야 하는 겁니까?"

그들은 이렇게 대답한다.

"물론입니다. 기도는 경건한 활동이고 적절하게 마음을 닦는 일입니다. 기도를 계속하되 하나님이 듣는다고 생각하면 안 됩니다."

그들이 우리를 어리석게 보는 게 분명하다. 그들은 기도하는 사람들을 어리석다고 여긴다. 기도가 하나님을 전혀 움직일 수 없다면 나는 아침에 일어나서 기도하는 대신에 휘파람을 불겠다. 효과도 없는 말을 늘어놓느니 밤에 잠을 잘 것이다. 기도가 기도실을 결코 넘어가지 못한다는 게 입증된다면 기도할 필요가 없다. 주님이 기도를 듣지 않으시고 응답을 받지 못한다면 포기해야 한다.

기도가 주님에게 전달되거나 응답되지 않는다면 바알 숭배자 수준으로 전락하게 된다. 하지만 우리는 아직 그 정도가 아니다. 똑똑한 사람들의 칭찬에 감사하지만 그들의 터무니없는 충고는 따르지 않을 것이다. 경건생활을 만족스럽고 교훈적인 활동이라고 그럴듯하게 칭찬하는 것은 우리에게 그다지 효과가 없다. 그것은 드러나지 않는 비난이기 때문이다. 칭찬을 취소하더라도 괜찮다. 지혜롭다고 자신하는 사람들에 대한 우리의 평가 역시 마찬가지니까.

우리가 기도하면서 바라는 것은 실제로 응답되어야 한다. 기도의 대상은 바람과 파도가 아니라 하나님이다. 그분이 듣지 않으면 제대로 숨을 쉬지 못한다. 기도하는 영혼이 무엇보다 바라는 것은 하나님과의 만남이다.

주님이 듣지 않으면 우리는 무엇 하나 얻을 수 없다. 감사하게도 생각만 하면 하나님을 만날 수 있다. 나약하고 연약하고 자격이 없는 피조물이 온 땅을 다스리시는 존귀한 하나님의 임재 안에 서도록 허락받았다.

주님은 돌볼 대상이 전혀 없는 것처럼 이 불쌍한 피조물을 돌아보시고 귀와 마음을 굽혀서 피조물의 부르짖음을 들어주신다. 살아 있는 기도는 우리가 하나님과 대화를 나누고 있다는 것과 하나님이 듣고 계시다는 것을 의식하는 게 필수적이다.

다윗은 시편에서 하나님의 응답을 거의 거론하지 않는다. 다윗은 늘 하나님의 들어주심을 언급하면서 그분에게 간구한다. 하나님은 우리의 기도를 넉넉히 들어주신다. 덕분에 그분이 하나님이라는 것을 알 수 있다.

내 간구가 하나님의 손 위에 올려질 수 있다면 나는 만족할 것이다. 내 바람을 그분의 귀에 쏟아놓을 수 있고 그분이 한 번이라도 관심을 가져주시면 두려움은 모두 사라진다. 하늘에 계신 아버지는 여러분에게 필요한 것을 알고 계시니 완벽하게 만족할 수 있다. 우리가 그분의 임재 안에 들어서면서 명령을 실행했기 때문에 그분의 약속은 효력이 있다. 우리는 가장 먼저 주님이 들어주시는 것을 바라야 한다.

그렇지만 우리는 그것 이상 그분이 받아주실 것을 기대해야 한다. 어느 훌륭한 친구로부터 말해도 좋다는 허락을 받았지만 그가 단호하게 "나는 자네가 할 말을 들었으니 가 보게"라는 말을 들었다면 고통스러울 것이다. 우리는 하나님에게서 이런 일을 기대하지 않는다. 우리는 그분이 보잘 것 없는 고백과 간구와 애원과 찬양을 자비롭고 은혜롭게 받아주시기를 간청한다. 그분이 돌아보고 웃음을 보여주신다면, 우리에게 "네 기도를 잘 들었다"고 말씀하신다면 기쁠 것이다. 주님이 받아주셨던 예물을 가지고 오는 것, 이것이 간구하는 즐거움과 기쁨이다.

우리가 바라는 세 번째 것이 있다. 하나님이 솔로몬에게 주신 것, 곧 응답이다. 솔로몬은 주님이 성전을 거룩하게 구별해 달라고 주님에게 간구했고, 그래서 주님은 성전을 거룩하게 구별하셨다.

기도하면서 언제나 자신이 없어도 단호하게 "내 뜻대로 마옵시고 당신 뜻대로 하옵소서"라고 말해야 하지만, 응답을 믿으며 끈질기게 기도하도록 격려하는 어떤 축복이 있다. 천사가 우리를 축복하지 않은 채 떠나게 해서는 안 된다. 그것은 확실하게 약속되고 반드시 없어서는 안 될 영적 축복, 곧 계약의 축복이다.

우리는 거룩한 기회를 살려서 의심없이 간구할 수 있다. 하나님이 말씀으로 직접 약속하신 일에 대해 몇 번이고 찾아가서, 주님이 잠에서 깨어나서 우리가 주리고 지친 친구를 위해 구하는 빵을 주실 때까지 그분의 문을 두드릴 수 있다(눅 11:8).

보다 더 거룩한 담대함을 가져야 한다. 보다 더 확실한 믿음을 가져야 한다. 우리는 그분에게 간구하는 것을 받을 수 있음을 믿어야 한다. 흔들리지 말고 믿음으로 간구해야 한다. 그러지 않으면 주님에게서 아무 것도 기대하지 못한다. 기도를 들어주시고 응답해 주시기를 간절하게 바라야 한다. 기도가 하늘에서 효력을 발휘한다고 생각하지 않으면 기도에 만족하지 못한다. 이게 바로 기도에 대한 우리의 바람이다.

기도에 대한 확신과 응답

하나님이 기도를 듣고 응답하신다고 확신할 수 있을까? 솔로몬은 확신했다. 주님은 이렇게 말씀하셨다.

"네가 내 앞에서 간구한 바를 내가 들었은즉"

주님은 언제든지 이렇게 말씀하실까? 그렇다는 게 내 생각이다. 그 과정을 살펴보자. 내가 보기에 하나님은 우리의 일상적인 믿음 속에서 자주 그렇게 응답하신다. 우리 모두 믿음을 갖고 부단히 기도하자.

나는 습관적으로 하나님의 응답을 기대한다. 그저 바라는 것을 간구한다. 겸손히 구했는데 받지 못한다면 몹시 놀랄 것이다. 그것을 얻게 되면 당연하게 생각한다. 주님이 기도에 응답하기로 약속하셨고 약속은 당연히 지켜지기 때문이다.

나는 매일의 자비, 매일의 시험과 일상적인 생활, 연관된 사건들을 거론한다. 하나님은 이런 일에 대해서 반드시 기도에 응답하신다. 우리의 믿음이 정상적으로 작동할 때는 "네 기도와 네가 내 앞에서 간구한 바를 내가 들었은즉"이라는 하나님의 말씀을 듣는다.

하지만 가끔 강력한 확신이 필요할 때가 있다. 어떤 특별한 축복을 간구하지 않으면 안 된다. 기도가 충분하지 않으면 야곱이 도달한 곳과 같은 장소에 이르게 된다. 에서가 무장한 일행을 이끌고 만나러 올 때, 야곱은 밤이 새도록 기도해야 했다. 그는 얍복나루에서 있는 힘을 다해야 했다. 천사와 씨름을 하고 하나님의 축복을 얻어야 했다.

이런 순간에 영혼의 축복을 보장받으려면 반드시 평소보다 강력한 믿음이 필요하다.

"너희 믿음대로 되라"(마 9:29)

우리가 하나님을 신뢰할 수 있다면 구하는 것을 얻을 수 있다. 실제로 소유하고 있지 않으면서 "그것을 지니고 있다고 생각한다"고 말하는 것은 믿음이 아니다. 그것은 자신에게 거짓을 말하는 것이다.

어떤 사람은 이렇게 말한다.

"당신은 거룩해졌고, 한 순간에 거룩해졌다는 것을 믿어야 합니다."

하지만 그것은 사실과 다르다. 그런 거짓을 믿으면 믿기 이전보다 덜 거룩해지고, 열 배나 교만해지고, 덕분에 사탄의 영향을 더 받게 된다. 하나님이 거룩하게 하실 것이고, 또 지금 거룩하게 하신다는 사실을 믿는 것은 이미 거룩해졌다는 것과는 사뭇 다른 일이나. 나는 하나님이 필요를 채워 주실 것을 믿지만 은행까지 마음대로 할 수 있다고는 믿지 않는다. 그렇게 믿는다고 해서 내게 돌아오는 것은 아무것도 없다.

믿음은 광신적으로 믿는 게 아니라 하나님의 진리를 믿는 것이다. 자신이 상상하는 것을 믿는 것과 하나님이 분명히 약속하신 내용을 믿는 것은 전혀 다르다. 믿음과 상상은 별개의 것이다. 하나님은 어리석은 잘못으로부터 지켜주시고 하나님의 진리로 인도하신다. 하나님이 말씀하시면 나는 아무리 터무니없더라도 믿는다. 상상으로 꾸미거나 머리에서 나온 것은 아무리

괜찮아 보이더라도 전혀 믿지 않을 것이다.

강력한 믿음은 영혼의 내부에 그 어느 것도 흔들 수 없는 확신을 준다. 확신은 무엇보다 확실하지만 무엇보다 합리적이다. 꿈이 아닌 진리를 증거하는 하나님의 영이 영감을 주시기 때문이다. 그런 사람의 의식 내부에서는 하나님의 음성이 들릴 것이다.

"네 기도와 네가 내 앞에서 간구한 바를 내가 들었은즉"

때로는 이런 일이 기분 좋은 설득의 형태로 찾아온다. 기도하다가 응답을 받았다고 말하면서 기도를 멈춘 적이 없는가? 응답을 받아서 계속 기도하기보다 찬양을 해야 해서 간구할 필요가 없다고 생각한 적은 없는가?

은행에 수표를 가져가서 돈을 찾으면 창구에서 꾸물대지 않는다. 일을 보러 자리를 뜬다. 이와 같이 필요하다면 오랫동안 하나님 앞에서 기도할 준비가 되어 있지만 간구는 간단하게 감사는 길게 해야 할 것만 같다. 그러면 응답을 받았으니 더 이상 간구할 필요가 없다고 확신하고서 자리에서 일어설 것이다. 기도보다 더 긴요하고 적절한 일을 한다. 응답을 받아 더 이상 기도할 필요가 없을 때는 급히 처리할 일을 하면서 하나님을 섬기는 편이 더 나을 것이다. 하나님이 축복을 주셨다면 어째서 계속 그 축복을 간구해야 할까? 의문이 생기기도 한다.

"여호와께서 모세에게 이르시되 너는 어찌하여 내게 부르짖느냐 이스라엘 자손에게 명령하여 앞으로 나가게 하고"(출 14:15)

기도가 응답되었다면 기도하기보다 앞으로 나가는 게 더 바람직했다. 그렇게 기분 좋은 확신이 가끔씩 찾아오면 즐겁게 계속 길을 가야 한다. 이런 내적 설득은 광신적인 상상이나 두뇌가 흥분해서 일어나는 게 아니라 성령의 역사이다. 누구도 모방할 수 없고 경험한 사람만 알 수 있다.

주님은 또 자신을 따르는 사람들이 축복을 받을 수 있도록 확실하게 준비시키신다. 축복을 받을 수 있게 대비시키는 것이다. 그들의 기대가 커져 축복을 기대하고, 그것을 위해서 자리를 마련한다. 그러면 때가 되었다는 것을 확신할 수 있다.

하나님은 우물도 내리시고 두레박을 준비해 두셨기 때문에 우물 속으로 내리기만 하면 반드시 두레박을 채워 주신다. 메마른 땅이 하늘에서 내리는 비를 마시려고 한껏 입을 벌릴 때 비는 틀림없이 내린다. 태양으로 밀 이삭이 무르익으면 추수의 때가 멀지 않다. 하나님의 사람이 소망의 항해를 시작할 수 있는 성령의 바람을 기다리면 분명히 바람이 불기 시작한다.

그러나 준비하지 않으면 축복을 제대로 누릴 수 없다.

"그들이 믿지 않음으로 말미암아 거기서 많은 능력을 행하지 아니하시니라"(마 14:58)

"너희가 우리 안에서 좁아진 것이 아니라 오직 너희 심정에서 좁아진 것이니라"(고후 6:12)

그렇지만 주님이 여러분에게 축복을 받을 수 있는 준비를 시키셨다면 이미 축복을 받고 있고, 축복의 그림자가 드리워져 있는 것이다. 준비가 되어 있을 때 주님은 실제로 이렇게 말씀하신다.

"네 기도와 네가 내 앞에서 간구한 바를 내가 들었은즉"

실제로 살펴보는 것도 우리의 간구가 이뤄지고 있음을 굳게 확신하도록 만든다. 가끔 하나님은 우리가 과거를 돌아보고 기도가 응답되었다는 확신을 갖게 하신다. 진정으로 하나님은 우리에게 응답하셨다!

하나님은 변함이 없으시다. 여전히 우리에게 귀를 기울이신다. 하나님이 기도를 듣지 않으신다고 말하는 사람들을 보면 참아내는 게 쉽지 않다. 매일의 삶이 그들의 잘못을 지적하기 때문이다.

하나님의 영광에 도움이 되는 개념이라고 해도 거짓을 말하고 싶지는 않다. 하지만 나는 알고 있는 것은 말할 것이다. 평생 여러 가지 일들, 특히 내가 책임지고 있는 여러 단체들의 요구에 따른 특별한 필요에 대해 하나님에게 간구하는 습관을 유지했다.

주님이 기도에 응답하신 이야기를 길게 늘어놓고 싶은 생각은 없다. 여러분 가운데 누군가는 그것을 잘 알고 있을 것이다. 주님은 하늘을 가르면서 선한 오른손을 내밀듯이 분명하게 내 기도를 들어주셨다. 여러분도 동일한 증언을 할 수 있지 않을까? 과거에 주님이 귀를 기울이셨다는 사실을 되새기면 그분이 또다시 우리의 간구를 들어주실 것이라는 확신에 사로잡히게 된다.

주님의 이런 음성을 기억하고 있다.

"네 기도를 들었다. 네 간구를 들었으니 진정 나를 신뢰해야 한다. 내가 늘 네 기도를 들어주지 않았느냐? 거절한 적이 있느냐? 어째서 너를 거절하겠느냐? 사랑하는 자여, 내가 언제 너를 외면한 적이 있느냐? 필요할 때 공급하지 않은 적이 있느냐? 네 기도를 들었다. 평안하거라. 더 이상 눈물짓지 말라. 네 영혼을 괴롭히지 말라. 모두 잘 될 것이다. 내가 은혜의 보좌에 있고, 그리고 내가 너를 지켜보고 있다."

우리가 건축한 이 교회를 주님이 직접 거룩하게 구별하시기를 다시 한 번 기도한다. 우리는 미신적인 방법으로 이것을 간구하지 않는다. 벽돌과 시멘트와 쇠와 돌은 의미를 가질 수 없다. 거룩함은 물질이 아니라 마음과 영혼, 행위의 문제가 있다.

기도의 특별한 적용

솔로몬의 경우와 같이 나도 기대하면서 기도하게 되었다. 여러분은 하나님이 어떻게 기도에 응답하셨는지 들을 때 솔로몬이 무엇을 기도했는지 알게 될 것이다.

하나님은 말씀하셨다.

"나는 네가 건축한 이 성전을 거룩하게 구별하여 내 이름을 영원히 그곳에 두며 내 눈길과 내 마음이 항상 거기에 있으리니"

어젯밤에 우리 교인들이 해마다 개최하는 부흥회에서 하나님이 우리에게 베풀어 주신 온갖 자비로 인해 크게 즐거워하고 감사했다.

나는 이제 막 33년의 목회 사역을 마쳤는데 축복을 누리지 못한 적이 한 차례도 없었다. 이 기간에 특별한 분열이나 다툼 없이 지낼 수 있었던 것은 우리를 구원하신 주 하나님의 한없는 축복 덕분이다.

우리가 건축한 이 교회를 주님이 직접 거룩하게 구별하시기를 다시 한 번 기도한다. 우리는 미신적인 방법으로 이것을 간구하지 않는다. 벽돌과 시멘트와 쇠와 돌은 의미를 가질 수 없다. 거룩함은 물질이 아니라 마음과 영혼, 행위와 관계가 있다.

하지만 우리는 주님이 임재해서 성전을 한층 더 거룩하게 구별해 주시기를 간구한다. 만일 임재하지 않으면 우리는 안타깝게 "이가봇"이라고 외치지 않을 수 없다. 실제로 영광이 떠날 것이다. 우리가 예배할 때마다 주님이 기도와 찬양을 들어주셔서 따뜻한 관심으로 교회를 거룩하게 구별해 주시기를 바란다.

우리는 하나님이 우리의 대화에 더 많이 관여하셔서 교회를 거룩하게 구별해 주시기를 바란다. 이미 성도의 한계 숫자를 훌쩍 넘겨 만 명의 사람들이 참석하는 것을 바라보면서 즐거웠다. 그 모두 은혜로운 하나님의 역사이다. 하나님이 임재하지 않으면 참된 회심자를 하나도 데려오지 못한다.

예수님에게서 "우리와 함께 거하라"는 말씀을 진정으로 듣고 싶다. 주님은 기도하는 집에서 떡을 떼거나 세례를 주거나 복음을 선포하고 함께 모일 때 축복하신다.

우리는 주님이 교회를 거룩하게 구별해 주시기를 진심으로 기도한다. 과거에 우리 예배를 거룩하게 하셨다는 것을 알고 있듯이 장차 있을지 모를 실패와 부족함을 감당할 수 없다는 것도 안다. 나는 주님이 오늘 밤 우리에게 "네가 건축한 이 성전을 거룩하게 구별하여…두며"라고 말씀해 주시기를 기도한다.

우리는 계속해서 하나님이 "내 이름을 영원히 그곳에 두며"라는 방식으로 교회를 거룩하게 구별하시기를 바란다. "영원히" 그런 교회가 존재하거나, 혹은 필요할 때 하나님의 이름이 그곳에 있기를 기도한다.

훌륭한 전임자인 존 라이폰(John Rippon) 박사를 직접 만나지 못했지만, 늘 자신이 염두에 둔 후임자를 위해서 즐겨 기도했다는 것을 알고 있다. 그는 자신이 세상을 떠나고 나면 직접 돌보던 사람들을 위해서 주님이 후임자를 보내달라고 자주 기도했다고 한다. 그가 친구에게 보낸 편지를 보면 어쩐 일인지 나와 동일했다.

라이폰은 희미한 불빛을 통해 자신의 뒤를 따라 사역을 감당하게 될 인물을 보았다. 이 교회에서 60년이 지나면서 노인이 나이를 먹으면 그렇듯이 후임자를 위해 더욱 기도했다.

나는 그를 본받아 하나님의 교회가 요구되는 한 하나님의 이름이 이 교회에서 존귀하게 여김을 받고 믿음의 사람들이 성령의 능력으로 구원을 선포할 수 있도록 기도할 생각이다. 언젠가 주님의 신성을 부정하는 사람이 이곳에 선다면 하나님이 허락하시지 않을 것이다. 우리가 받은 복음 외의 어떤 것을 강단에서 전하게 된다면 교회를 불태워서 재조차 남김없이 바람에 날아가게 해야 한다.

솔로몬이 그곳에 주님의 눈길이 머물기를 기도하자 하나님이 들어주셨다. 하나님은 솔로몬의 기도를 더 크게 덧붙여 들어주셨다. 하나님은 눈길과 마음을 영원히 그곳에 두겠다고 말씀하셨다.

이처럼 주님은 우리의 기도를 더 나은 의미로 들어주신다. 우리는 주님의 눈길이 우리에게 머물도록 기도하지만 주님은 이렇게 덧붙이신다.

"내 눈길과 내 마음이 항상 거기에 있을 것이다."

주님의 눈길이 교회에 머물고 지켜보시고 온갖 악한 것들로부터 보호하시기를 기도한다.

아울러 주님의 마음 역시 우리와 함께해서 거룩한 생명과 사랑으로 충만하게 하고 진정한 그분의 모습을 알 수 있기를 기도한다. 하나님의 사랑이 성령을 통해서 우리의 마음을 골고루 비추기를 기도한다. 우리를 사랑하시고 기뻐하시는 하나님의 마음을 알 수 있기를 기도한다. 이것이 우리에게는 말할 수 없는 기쁨이 될 것이다.

4

축복을 누리는 욥의 기도

내가 어찌하면 하나님을 발견하고 그의 처소에 나아가랴 어찌하면 그 앞에서 내가 호소하며 변론할 말을 내 입에 채우고 _ 욥 23:3, 4

내가 어찌하면 하나님을 발견하고 그의 처소에 나아가랴 어찌하면 그 앞에서 내가 호소하며 변론할 말을 내 입에 채우고 _ 욥 23:3, 4

효과적인 기도, 하나님을 발견하기

욥은 극한의 상황에서 주님에게 부르짖었다. 고통을 겪고 있는 하나님의 자녀로서 간절한 바람은 아버지의 얼굴을 한 번 더 보는 것이다.

그는 먼저 "온몸을 괴롭히는 질병을 치료해 주소서"라고 기도하지 않았다. "무덤 입구에서 자녀들이 회복되는 것을 보게 하시고, 재산을 강탈자의 손에서 한 번 더 되돌려 주소서"라고 기도하지도 않았다. 오히려 그는 무엇보다 먼저 힘껏 외쳤다.

"내가 어찌하면 하나님을 발견하고 그의 처소에 나아가랴"

하나님의 자녀는 폭풍이 몰려오면 집으로 달려간다. 은혜를 입고서 태어난 영혼은 본능적으로 여호와의 날개 밑에서 어떤 어려움이든지 피할 수 있는 피난처를 찾게 된다. "지존자의 은밀한 곳에 거주하며"(시 91:1)라는 말씀은 참된 신자의 표지이기도 하다.

위선자는 하나님 때문에 고통을 겪는다고 생각하며 그 고난에 분개하고 꾸짖는 주인으로부터 도망치는 노예처럼 행동한

축복을 누리는 욥의 기도

다. 그렇지만 하늘나라를 물려받는 진정한 상속자는, 때리는 손에 입을 맞추고 인상을 찡그리는 하나님의 품이 매를 피할 수 있는 피난처인 줄 알고 있다.

여러분은 다른 위로의 근원이 무력해지는 순간에 오히려 하나님과 교제하려는 열망이 강해진다는 것을 알게 될 것이다. 처음에 욥은 친구들이 다가오는 것을 보고 그들의 친절한 조언과 따뜻한 마음 덕분에 자신의 고통이 다소 누그러질 수 있다고 기대했을지 모른다. 그렇지만 그들이 길게 말하지 않았는데도 욥은 괴로워서 소리쳤다.

"너희는 다 재난을 주는 위로자들이로구나"(욥 16:1)

친구들은 그의 상처에 소금을 뿌리고 슬픔의 불꽃에 기름을 붓고 고통에 비난을 추가했다. 그들은 자신들이 웃음의 빛이 되기를 바라기도 했지만, 이제는 욥의 명성을 더없이 인색하고 부당한 그림자로 뒤덮는다.

그래서 욥은 여행하는 사람이 빈 물통이 아니라 우물을 향해 최고의 속력으로 달려가듯이 유감스런 친구들에게서 눈을 돌려서 하늘의 보좌를 바라보았다. 그는 지상에서 생겨난 소망에 작별을 알리려고 이렇게 외쳤다.

"내가 어찌하면 하나님을 발견하고 그의 처소에 나아가랴"

우리가 다른 모든 것들의 허무함을 깨닫는 것만큼이나 창조

주의 소중함을 일러주는 것도 없다. "무릇 사람을 믿으며 육신으로 그의 힘을 삼고 마음이 여호와에게서 떠난 그 사람은 저주를 받을 것이라"(렘 17:5)라는 말씀을 간파하면 "무릇 여호와를 의지하며 여호와를 의뢰하는 그 사람은 복을 받을 것이라"(렘 17:7)는 하나님의 약속으로부터 말할 수 없는 달콤함을 맛볼 수 있다. 꿀은 없고 오로지 날카로운 침만 있는 땅벌들을 벗어나면 신실한 말씀이 벌집의 꿀보다 더 달콤한 하나님 안에서 즐거움을 누릴 수 있다.

선한 사람이 어려움 때문에 하나님에게 서둘러 나가고, 동료들의 불친절 때문에 더욱 속력을 내서 달려가도 위로가 되는 하나님의 임재를 이따금씩 누리지 못하는 것은 조금 더 살펴볼 필요가 있다. 이것은 말할 수 없는 슬픔이다.

"내가 어찌하면 하나님을 발견하고 그의 처소에 나아가랴"는 구절은 자녀와 재산을 잃어버린 것보다 훨씬 커다란 욥의 탄식이다. 무엇보다 더할 수 없는 손실은 하나님의 웃음을 잃는 것이다. 욥은 지금 구속자의 고통스런 부르짖음을 미리 맛보고 있다.

"나의 하나님, 나의 하나님 어찌하여 나를 버리셨나이까"(막 15:34)

하나님이 자신의 사람들을 보존하는 데 은밀하게 관심을 가지시는 한 그들과 늘 함께하시지만, 그렇다고 그들이 언제나 하나님의 명백한 임재를 좋아하는 것은 아니다. 아가서의 신랑이 밤에 침대에서 사랑하는 사람을 찾는 것처럼 그들은 하나님을 찾지만 만나지 못한다. 잠자리에 들지 않고 성을 돌아다녀도 그분을 만나지 못한 채 거듭 슬픈 질문을 던지게 된다.

"사랑하는 자를 너희가 보았느냐"(아 3:3)

여러분은 하나님의 사랑을 받으면서도 진정으로 그 사랑을 못 느낄 수 있다. 하나님이 예수 그리스도만큼 사랑하시지만 잠시 그분에게 버림을 받고 잠깐 분노하는 사이에 모습을 감추었다고 생각할 수도 있다.

하지만 그런 순간에 은혜를 누리는 사람은 하나님의 빛이 주어지지 않는다는 사실 때문에 오히려 훨씬 더 강력하게 소망한다. 그는 "하나님이 방치하시면 내 마음대로 하지 않을 수 없다. 그분의 위로를 받을 수 없다면 최선을 다해서 이겨내야 한다"고 말하지 않는다. 오히려 "삶을 수긍하고 하나님을 의지해야 한다. 나는 망해서 깊은 수렁에 빠졌고, 오직 하나님의 팔이 나를 구원하실 수 있다"고 말한다.

은혜를 누리는 사람은 하나님을 발견하고, 또 한편 열정적으로 탄식과 애원과 눈물과 한숨을 더 자주 간절히 하늘나라로 보낸다.

"내가 어찌하면 하나님을 발견하고 그의 처소에 나아가랴"

그 거리나 수고는 문제 되지 않는다. 그 영혼이 가야 할 길을 알고 있다면 곧 그 거리를 극복할 수 있다. 산이나 강에 어떤 조건을 달지 않고 장소를 알면 보좌까지 찾아갈 것이다. 굶주린 영혼은 하나님을 만나려고 돌담을 뚫고 하늘나라의 장벽을 극복할 수 있다.

하나님과 자신 사이에 더할 수 없는 지옥이 자리 잡고 있어도 그분을 만날 수만 있다면 불길도 마다 않고, 마침내 그분의 임재를 마주하고 사랑을 누릴 수 있다면 조금도 굴복하지 않을 것이다. 욥이 본문에서 토로한 것도 그와 다르지 않을 것이다.

그런데 여기서 끝낼 수 없다. 하나님의 임재를 갈망하는 욥의 목적은 그분에게 기도하는 것이었다. 그는 기도했지만, 하나님의 임재 안에서 기도하기를 바랐다. 자신의 말을 들어주고 도와줄 수 있는 분 앞에서 호소하고 싶었다. 불편부당하고 누구보다 지혜로운 재판관 앞에서 자신의 사례를 진술하려고 했다. 친구들이 부당하게 판단하는 지상의 법정에서 왕의 대법정, 하늘의 최고 법정으로의 전환을 호소했다.

그래서 그는 "그 앞에서 내가 호소하며 변론할 말을 내 입에 채우고"라고 말한다. 이 구절에서 욥은 자신이 얼마나 하나님에게 호소하고 사정을 알리고 싶었는지 보여준다. 그는 자신의 비밀을 드러내고 기도의 방법을 제시한다.

여기서 우리는 간구의 방식, 즉 호소의 신비를 알게 될 것이다. 기도의 중요한 기법과 과학을 익히게 된다. 우리가 욥의 제자가 되어서 그의 교육을 받을 수 있다면 하나님과 교제하는 기술을 충분히 얻게 될 것이다.

본문에는 기도에 필수적인 두 가지 사항이 소개되어 있다. 우리의 처지를 호소하는 것과 변론할 말을 우리의 입에 채우는 것이다. 우리는 이 두 가지 사실을 살펴보려고 한다. 그 교훈을 제대로 익힌다면 큰 축복을 받게 될 것이다.

거리를 두지 않고 하나님에게 호소하기

흔히 기도를 쉽게 생각한다. 관심을 보이거나 수고하지 않아도 어떻게든 할 수 있는 일상적인 일쯤으로 여기는 것이다. 어떤 사람들은 내용이 바람직한 책을 읽고 나서 그것을 기도에 다시 적용할 수 있다고 생각한다.

또 누군가는 책을 사용하는 게 미신적이라서 충동적인 문장들, 갑자기 떠오르는 문장들을 돼지나 개의 무리처럼 반복해야 한다고 주장하기도 한다. 무엇을 말하는지 거의 의식하지 않는 게 기도라는 것이다.

과거 성도들은 이런 방식으로 기도하지 않았다. 오늘날과 달리 대부분 기도를 훨씬 더 진지하게 대했다. 기도를 중요한 일로 간주하고 부지런히 훈련해서 그들 가운데 누군가는 상당한 명성을 얻고 대단한 축복을 누리기도 했다. 그들은 기도의 밭에서 큰 수확을 올렸고, 그 자비의 자리를 말로 다할 수 없는 보화의 광맥으로 간주했다.

과거 성도들은 욥과 함께 하나님 앞에서 소원을 호소하는 데 익숙했다. 호소하기 위해서 법정을 찾아가는 사람은 자신의 문제를 진술할 생각을 하지 않은 채 순간적인 충동을 따르지 않는다. 탄원서를 제대로 준비해서 법정에 들어가고, 자신이 호소하게 될 높은 사람 앞에서 어떻게 처신해야 할지 알고 있다. 따라서 우리가 누구이고, 어디에 서 있는지, 우리가 무엇을 얻으려 하는지 파악하고 제대로 계획과 준비를 하고서 왕중왕의 자리에 다가서는 게 좋다.

위기와 고난의 순간에는 비둘기가 깃털이 헝클어진 채 바위의 틈에 들어가듯이 본래의 모습 그대로 하나님에게 날아갈 수도 있다. 하지만 일반적인 상황에서는 마치 아이가 아침에 얼굴을 씻고 아버지에게로 가는 것처럼 준비된 마음으로 다가가야 한다.

제사장을 생각해 보자. 그는 희생제물을 마련하지만 서둘러 제사장의 뜰에 들어서지 않는다. 사용하지 않은 도끼로 희생물을 쪼개고 나서 놋대야에 발을 씻고 옷을 입고 제사장의 복장을 갖춘다. 이어서 그는 율법의 규정대로 적절하게 나누어진 희생제물을 가지고 제단에서 사소한 것까지 조심스럽게 율법을 따른다. 그릇에 담긴 피를 제단 밑 적당한 곳에 붓되 내키는 대로 하지 않는다. 그리고 제단에 흔히 볼 수 없는 거룩한 불을 피운다.

지금은 모든 의식이 사라졌지만 그것이 주는 교훈, 진리는 여전하다. 우리의 영적 희생을 거룩하게 바쳐야 한다는 것이다. 하나님은 잠자리에서 일어나서 처음 떠오르는 것을 닥치는 대로 기도하는 것을 금하신다. 그보다 거룩한 두려움과 경외감으로 주님을 기다려야 한다.

하나님이 다윗을 축복하셨을 때 그가 어떻게 기도했는지 살펴볼 필요가 있다. 그것을 제대로 파악해야 한다. 다윗은 거리를 두지 않고 주님 앞에 앉았다. 자리에 앉는 것은 그것을 반대하는 사람의 주장처럼 나쁜 기도 자세가 아니다. 그는 주님 앞에 말없이 조용히 앉아서 기도하기 시작했지만 무엇보다 먼저 하나님의 선하심이 떠오를 때까지 기도하지 않았다. 덕분에 그는 기도의 영을 받을 수 있었고 성령의 도움을 받아 입을 열었다. 우리는 얼마나 이런 방식으로 주님에게 간구하고 있을까?

아브라함이 그랬다. 그는 일찍 일어났다. 그것은 그가 자발적으로 그랬다는 뜻이다. 그는 사흘 길을 갔다. 이것은 그의 열심을 말해 준다. 그는 종들이 산 아래 있게 했다. 이것은 그의 은밀함을 보여준다. 또 그는 나무와 불을 가져왔는데, 이것은 그가 철저히 준비했다는 뜻이다. 결국 그는 제단을 쌓고 나무를 올려놓고 나서 칼을 들었다. 이 사실은 그가 헌신적인 예배에 들인 정성을 의미한다.

다윗은 이렇게 고백한다.

"여호와여 아침에 주께서 나의 소리를 들으시리니 아침에 내가 주께 기도하고 바라리이다"(시 5:3)

이 구절은 그가 전쟁을 준비하는 사람처럼 생각을 정리하고 화살처럼 기도의 목표를 정했다는 뜻이다. 그는 화살을 시위에 걸고 닥치는 대로 쏘지 않았다. 화살을 시위에 제대로 걸고 난 뒤에 목표를 겨누었다. 그는 과녁의 정곡을 거듭 바라보면서 시선을 고정하고 기도했다. 이어서 힘껏 활을 당겨서 화살을 날렸다. 시위를 놓고 나서 그는 무슨 말을 했을까?

"내가…바라리이다"

그는 화살이 날아가 어떻게 박히는지 확인하려고 눈을 들었다. 기도하고 나서 아무 감각이나 생각이 없는 사람들과 달리 기도가 응답되기를 바랐다. 다윗은 자신이 정신을 완벽하게 집중해야 한다는 것을 알고 있었다. 그는 능력을 갖추고 일하는 사람처럼 감당했고 성공을 믿었다.

우리는 조심스럽게 준비하고 조심스럽게 기도해야 한다. 기도를 잘하려면 그만큼 더 신경을 써야 한다. 밖에서는 조심하면서 기도실에서 아무 생각을 하지 않는 것은 하나님을 모독하는 것이다. 하나님을 위해서 무엇인가 한다고 하면서 세상을 무엇보다 우선으로 삼는 것은 하나님을 속이는 일이기 때문이다.

누군가 기도를 어떤 순서로 해야 하는지 묻는다면 대부분의 사람들이 찬양, 고백, 기원, 중보 그리고 송영의 순서를 따르는 방식은 추천하지 않겠다. 나는 그런 순서가 하나님의 권위에 근거한다고 간주하지 않는다. 단순히 기계적인 순서 역시 마찬가지이다. 우리의 기도는 어떤 형식이든지 똑같이 받아들여지고 똑같이 적절할 뿐더러 구약과 신약에 온갖 형태의 기도 사례들이 포함되어 있기 때문이다.

영적으로 진정한 기도의 순서는 단순한 순서의 배열 그 이상이다. 우리가 지금 실제로 무엇을 행동으로 옮기고 있고, 눈으로는 못 보지만 진정으로 존재하는 하나님에게 우리 자신을 맡기고 있다고 느끼는 것은 아주 당연하다.

우리는 하나님을 만지거나 들을 수 없고 감각으로 파악할 수 없지만, 그럼에도 불구하고 살과 피를 가진 친구를 대하듯이 진정으로 함께하신다. 하나님의 임재를 실제로 느끼게 되면 우리는 하나님의 인도 덕분에 겸손해진다. 우리는 아브라함이 이렇게 말할 때의 느낌을 가져야 한다.

"나는 티끌이나 재와 같사오나 감히 주께 아뢰나이다"(창 18:27)

따라서 우리는 아이들이 배운 내용을 반복하듯이 기계적으로 일을 다루듯이 기도하면 안 된다. 제자를 가르치는 선생이나 행인을 위협해서 지갑을 요구하는 강도처럼 기도해서도 안 된다. 우리는 겸손하고 담대하게 간구하고, 구세주의 보혈에 의지해서 몸을 낮춘 채 끈기 있게 자비를 구해야 한다. 속박을 받는 종이 아니라 사랑을 누리는 자녀가 되어야 하지만, 그렇다고 해서 무례하거나 닥치는 대로 행동해서는 안 된다. 교훈에 순종하고 아버지를 존경하면서 진정으로 간구하되, 아버지의 뜻에 공손하게 복종해야 한다.

하나님의 임재를 마주하고 임재 가운데 바른 위치를 차지하고 있다면 그 다음에 할 일은 내게 요구할 권리가 없고 은혜의 선물 외에 무엇을 기대할 수 없음을 인정하는 것이다.

하나님이 자비의 통로를 제한하신다는 사실을 기억해야 한다. 그분은 사랑스런 아들을 통해서 자비를 허락하신다. 위대한 구속자의 보호를 받아야 한다. 더 이상 내가 말하는 게 아니라 그리스도가 나와 더불어 말씀하신다고 생각해야 한다. 간구할 때 나는 그분의 상처, 그분의 생명, 그분의 보혈, 그분 자신을 간구하는 것이다. 이것이 바로 진정한 기도의 순서이다.

무엇을 구해야 할까? 가장 좋은 기도는 간구의 목표를 분명하게 정하는 것이다. 실제로 하나님에게 전혀 구하지 않는 사람들의 공중기도가 불평의 대상이 되는 것은 당연하다. 나는 내가 그렇게 기도하고 실제로 그런 기도를 듣는 게 두렵다. 그런 기도는 조금도 하나님에게 간구하는 것처럼 느껴지지 않는다. 아주 그럴듯한 교리와 경험에 따른 내용이 많지만, 약간의 간구와 약간의 의식적이고 혼란스럽고 체계적이지 못한 게 대부분이다.

기도는 뚜렷하고 분명하고 확실하게 요구하는 것이다. 확실하게 요구해야 집중이 되기 때문에 그런 식으로 호소해야 한다. 기도할 때 주변을 기웃대지 않고 곧장 핵심을 찔러야 한다.

나는 아브라함의 기도를 좋아한다.

"이스마엘이나 하나님 앞에서 살기를 원하나이다"(창 17:18)

몇 마디에 불과하지만 기도의 대상이 되는 이름과 사람, 그리고 소원하는 축복이 포함되어 있다.

"이스마엘이나 하나님 앞에서 살기를 원하나이다."

적지 않은 사람들이 다음과 같이 우회적인 표현을 구사한다.

"우리의 사랑하는 자손이 당신의 은혜를 받기를 원합니다."

이스마엘을 염두에 두고 있다면 이스마엘이라고 말해야 한다. 주님 앞에서 분명히 밝혀야 한다. 일부는 목회자를 위해서 기도할 때도 그렇게 에둘러서 기도한다. 교회를 섬기는 이들은 너무 구체적으로 언급하는 게 아니라고 생각하는 것이다.

우리는 어째서 분명하게 생각하거나 말하지 않는 것일까? 간구의 순서를 정하면 생각이 한층 더 분명해질 수 있다. 기도실에서는 생각나는 좋은 것들을 모두 간구할 필요가 없다. 가지려고 하고, 가졌고, 가질 수 있고, 혹은 가져야 하는 희망사항을 반복할 필요도 없다. 지금 필요한 것을 간구하라.

언제나 이 순간에 필요한 것을 계속해서 간구해야 한다. 매일의 양식이 필요하면 그것을 간구하라. 하나님을 마주한 것처럼 기도하라. 하나님은 훌륭한 표현을 따지시지 않는다. 달변과 미사여구는 쓸 데 없고 헛된 것에 지나지 않는다. 하나님을 마주해야 한다. 말은 줄이고 마음을 뜨겁게 하라.

우리는 예수 그리스도를 통해서 바라는 것을 간구할 때 순서를 제대로 따르지 못했다. 바라는 축복을 살펴보고 간구하는 것에 부합하는지 확인해야 한다. 어떤 기도들은 생각만 하고 있으면 결코 응답되지 않기 때문이다. 잠시 돌아보더라도 우리가 바라는 것들 가운데 그냥 내버려두는 게 더 나을 때가 있음을 알 수 있다. 더구나 우리는 그리스도와 무관한 욕심, 즉 이기적인 동기를 가질 수 있는데, 그것은 하나님의 영광을 무시하고 오직 자신의 안일과 위로만 따르게 한다.

이제 우리는 자신의 유익을 구하더라도 하나님의 영광을 조금이라도 가려서는 안 된다. 기도의 응답을 받으려면 하나님의 뜻에 대한 거룩한 순종이라는 소금을 쳐야 한다.

나는 루터의 이런 기도를 좋아한다.

"주여, 지금 내 뜻을 당신의 것으로 삼겠습니다."

내가 좋아하는 까닭이 궁금할 것이다. 그 뒤를 잇는 표현 때문이다.

"내 뜻이 당신의 뜻이라는 것을 알고 있으니 나는 그리 하겠습니다."

여기에 루터의 생각이 잘 표현되어 있다. 그런데 나중에 덧붙인 발언을 무시하면 악한 의도가 반영되어 있다고 생각할 수도 있다. 우리는 간구하는 게 하나님에게 영광이 된다고 확신이 서게 되면 그래서 능력 있게 기도할 수 있다면 이렇게 말할 것이다.

"당신이 내게 축복하지 아니하면 가게 하지 아니하겠나이다"
(창 32:26)

우리는 하나님과 긴밀하게 교제하고, 야곱이 그랬듯이 천사와 씨름을 하고 천사에게 축복하고 떠나도록 요구할 수 있다. 하지만 그런 말을 하기에 앞서 우리가 간구하는 내용이 주님의 영광을 위한 것인지 분명히 해야 한다.

세 가지 주제를 정리하면 이렇다.

기도를 하나님과의 진정한 대화로 간주하는 깊은 영성, 무엇을 비리는지 알고 간구하는 기도의 명확성과 필요하다는 것을 기도로 얻을 수 있다면 그렇게 하겠다고 결심하는 열정, 그리고 구하는 것을 주님의 뜻에 계속 맡기는 완벽한 순종! 이것들을 섞으면 어떻게 간구의 순서를 정해야 할지 분명히 알 수 있다.

그런데 기도 자체는 오로지 성령만 가르칠 수 있는 기술이며, 성령은 모든 기도의 공급자이다. 기도를 위해서 기도해야 한다. 기도할 수 있을 때까지 기도해야 한다. 기도하도록 도와달라고 기도해야 한다.

기도할 수 없다고 해서 기도를 포기하면 안 된다. 기도할 수 없다고 생각할 때 가장 많이 기도해야 한다. 가끔 전혀 위로가 주어지지 않을 때는 말할 수 없이 낙담이 되고 실망스러워도 지극히 높으신 분과 실제로 씨름을 해서 이겨야 한다.

변론으로 입을 채우기

낱말이나 괜찮은 글귀, 혹은 아름다운 표현이 아니라 변론으로 입을 채워야 한다. 과거의 성도들은 기도를 통해서 변론하는 데 익숙했다. 우리가 자비의 문에 도착할 때 강력한 변론은 문을 열기 위해서 두드리는 소리가 된다.

어째서 변론을 구사해야 하는 것일까? 하나님이 늦게 응답하시기 때문이 아니다. 하나님이 우리 자신이나 자비의 간구와 관련된 상황을 파악하시지 않으면 안 되기 때문도 아니다. 변론을 사용하는 것은 하나님이 아니라 우리의 이익 때문이다. 그분은 이사야가 말했듯이("너희는 확실한 증거를 보이라"-사 41:21) 자신에게 호소하고 강력한 이유를 제시하라고 요구하신다. 우리가 은혜의 소중함을 느끼고 있다는 것을 입증해야 한다. 누군가 어떤 일에 대해서 변론하려고 모색한다면 그것은 그만큼 중요하다는 뜻이다.

게다가 우리는 변론을 활용함으로써 축복을 얻는 근거를 배울 수 있다. 누군가 자신의 공적을 변론해야 한다면 결코 성공하지 못할 것이다. 성공적인 변론은 항상 은총에 근거한다. 그래서 변론하는 사람은 은총에 의해서만 주님으로부터 얻을 수 있다는 것을 절실히 깨닫는다. 변론은 열정을 불어넣으려는 의도로 활용되기도 한다.

하나님을 상대로 변론하는 사람은 다음에 더 큰 힘을 얻고, 그 다음에 훨씬 더 큰 힘을 얻고, 그 다음에 그보다 더 큰 힘을 얻게 된다. 기도 모임에서 접했던 최고의 기도는 변론이 넘쳐나는 것들이었다. 실제로 자비가 필요하다는 이유로 하나님 앞으로 나갔던 형제들의 말을 듣고서 이따금씩 큰 감동을 받을 때가 있다. 그들은 반드시 응답을 받을 것이다. 그들은 응답을 받아야 할 이유를 몇 번이고 거듭 제시하면서 하나님에게 변론했는데, 참가자 모두 뜨거워질 때까지 그것을 반복했다.

하나님이 관심을 갖고 있는 한 기도할 필요는 없다. 하지만 우리를 위해 마땅히 기도해야 한다. 기도하지 않으면 그리스도인으로서의 삶을 살고 있는지 의심을 받을 수 있다. 구하지 않았는데도 하나님의 은혜가 주어지면 구해야 할 때 응답받는 것에 절반도 유용하지 않을 것이다.

지금 우리는 이중의 축복, 즉 획득하는 축복과 구하는 축복을 누린다. 기도의 행위 그 자체가 축복이다. 기도는 여름의 무더운 태양을 피해서 시원한 물에 들어가는 것이다. 기도는 독수리의 날개를 타고 구름 위로 올라가서 하나님이 계시는 천국에 들어가는 것이다. 기도는 하나님의 보물창고에 들어가서 마음껏 누리는 것이다. 기도는 두 팔로 하늘나라를 안고 하나님을 영혼 안으로 모시고 자신의 몸을 성령의 전으로 삼는 것이다.

응답의 여부와 관계없이 기도 자체가 우리의 축복이다. 기도는 자기 짐을 던져 버리고, 누더기를 찢어 버리고, 질병을 털어 버리고, 영적 생명으로 충만해지고, 가장 높은 기독교 신앙의 수준에 도달하는 것이다. 하나님은 기도를 통해서 자신에게 변론하는 거룩한 기술을 자주 활용하도록 허락하신다.

아직 가장 흥미로운 주제를 다루지 않았다. 하나님을 상대로 큰 성공을 거두는 데 활용되었던 몇 가지 변론들을 요약해서 목록으로 만드는 것이다. 목록을 완벽하게 작성하는 것은 불가능하다. 만일 그렇게 하기 위해서는 존 오웬(John Owen)처럼 논문을 써야 할 것이다.

하나님의 속성

아브라함은 하나님이 공의를 주장하시자 이렇게 호소했다. 아브라함은 소돔을 위해서 기도했다.

"그 성 중에 의인 오십 명이 있을지라도 주께서 그곳을 멸하시고 그 오십 의인을 위하여 용서하지 아니 하시리이까 주께서 이같이 하사 의인을 악인과 함께 죽이심은 부당하오며 의인과 악인을 같이 하심도 부당하니이다 세상을 심판하시는 이가 정의를 행하실 것이 아니니이까"(창 18:24-25)

여기서부터 씨름이 시작되었다. 아브라함은 하나님의 왼손을 잡고 강력하게 변론했다. 벼락이 떨어지려고 할 때 하나님을 붙잡은 것이었다. 그러자 대답이 주어졌다. 도시를 구할 수 없다는 뜻이었다. 우리는 이 선한 사람이 심각하게 압박을 받으면서 조금씩 물러나는 과정을 주목해야 한다.

그러다가 마침내 아브라함은 더 이상 공의를 주장할 수 없게 되자 하나님의 은혜의 오른손을 붙잡았는데, 덕분에 의인이 열 명만 있으면 그 도시가 구원받을 수 있는지 물을 수 있는 놀라운 기회를 얻었다.

따라서 우리는 언제든지 하나님의 공의, 자비, 신실함, 지혜, 오래 참음, 그리고 사랑을 붙잡으면 지극히 높으신 분의 모든 속성, 즉 천국의 문을 열 수 있는 놀라운 도구를 찾아낼 수 있다.

하나님의 약속

야곱이 얍복강 건너편에 있고, 그의 형 에서가 무장한 사람들을 거느리고 오고 있었을 때, 야곱은 에서가 가족을 해치지 못하도록 하나님에게 간구했다. 그가 간구한 일차적인 이유는 이랬다.

"주께서 말씀하시기를 내가 반드시 네게 은혜를 베풀어…"(창 32:12)

대단한 간구였다. 그는 하나님의 말씀을 그대로 제시한다. 하나님의 속성은 붙잡을 수 있는 제단의 멋진 뿔이지만, 약속이란 속성, 그 이상을 포함하는 훨씬 강력한 수단이다.

"주께서 말씀하시기를"

다윗이 어떻게 그렇게 표현했는지 떠올릴 필요가 있다. 나단이 하나님의 약속을 설명하자 다윗은 기도 말미에 "말씀하신 대로 행하사"(삼하 7:25)라고 했다. 그것은 정직한 사람은 누구나 할 수 있는 당연한 변론이었다.

"사람은 다 거짓되되 오직 하나님은 참되시다"(롬 3:4)

하나님은 진실하시지 않는가? 하나님은 자신의 말을 지키시지 않는가? 그분의 입술에서 나오는 말 가운데 불확실하거나 성취되지 않은 게 있는가?

솔로몬은 성전을 봉헌하며 이와 동일하게 간구했다. 그는 하나님이 아버지 다윗에게 하신 말씀을 잊지 않고 그 자리를 축복해 달라고 간구했다. 누군가 약속을 하게 되면 그것은 명예와 관계가 있다. 서명하면 기간 안에 처리해야지 그렇지 않으면 신용을 잃는다. 하나님은 한 번도 청구서를 외면한 적이 없다. 지극히 높으신 분의 신용은 조금도 의심받지 않을 것이다. 성경을 찾아보고 하나님을 따르는 사람들의 경험을 비교하면 시종일관 일치한다.

믿음의 조상들은 노년의 여호수아처럼 말했다.

"여호와께서 이스라엘 족속에게 말씀하신 선한 말씀이 하나도 남음이 없이 다 응하였더라"(수 21:45)

하나님의 약속을 받았다면 '만약'이라는 말을 덧붙여서 호소할 필요가 없다. 확신하고 간구할 수 있다. 지금 간구하는 자비를 하나님이 엄숙하게 약속하셨다면 그분의 뜻에 복종하는데 조금도 주저할 필요가 없다. 그분의 뜻을 알기 때문이다.

그 뜻은 약속 안에 있으니 간구해야 한다. 하나님이 약속을 이루실 때까지 가만히 있으면 안 된다. 그분은 약속을 지킬 것이다. 그렇지 않으면 약속하시지 않았을 것이다. 하나님은 그저 우리를 조용하게 만들거나 잠시 희망을 갖게 했다가 발뺌하려는 의도로 약속하시지 않는다. 하나님은 약속을 지키려고 말씀하신다.

하나님의 위대한 이름

모세는 이것을 근거로 하나님에게 강력하게 변증했다.

"이제 주께서 이 백성을 하나 같이 죽이시면 주의 명성을 들은 여러 나라가 말하여 이르기를 여호와가 이 백성에게 주기로 맹세한 땅에 인도할 능력이 없었으므로 광야에서 죽였다 하리이다"(민 14:15-16)

하나님의 이름이 백성의 역사와 아주 밀접하게 결합된 몇 가지 사례가 있다. 하나님의 약속을 믿는 신자가 어떤 행동에 착수할 때가 있다. 하나님이 약속을 안 지키시면 신자는 기만을 당하게 되고, 악한 세상 사람들은 "하나님이 어디에 있느냐?"고 말할 것이다.

우리가 존경하는 조지 뮬러의 사례를 살펴보자. 오랫동안 뮬러는 하나님이 기도를 들어주실 것이라고 굳게 확신하고 고아원을 계속 건축했다. 그런데 그가 수많은 어린이들을 돌볼 수 있도록 절실한 순간마다 "주의 명성"에 호소했을 것이다. 그리고 여러분이 심각한 어려움에 처했을 때 하나님의 확실한 약속을 받았다면 이렇게 말할 수 있다.

"주님, '여섯 가지 환난에서 너를 구원하시며 일곱 가지 환란이라도 그 재앙이 네게 미치지 않게 하시며'(욥 5:19)라는 말씀을 들었습니다. 친구들과 이웃들에게 당신을 믿는다고 말했는데,

당신이 나를 구하시지 않으면 당신의 이름이 어찌 되겠습니까? 하나님, 당신의 명예가 땅에 떨어지지 않도록 일어나서 이 일을 행하소서."

아울러 우리는 비웃는 사람들의 발언을 가지고 더 자세히 변론할 수 있다. 히스기야가 그랬다. 그는 랍사게의 편지를 가져다가 주님 앞에 펼쳐 놓았다. 그게 도움이 되었을까? 그것은 철저히 하나님을 모독하는 것이었는데, 도움이 되었을까?

"히스기야가 너희에게 이르기를 여호와께서 우리를 건지시리라 할지라도 속지 말라…하맛과 아르밧의 신들이 어디 있느냐 스발와임의 신들이 어디 있느냐"(사 36:18-19)

그게 조금이라도 효과를 발휘했을까? 당연히 효과를 발휘했다. 랍사게가 편지를 보낸 것은 잘 된 일이었다. 덕분에 하나님이 자극을 받고서 자기 백성을 도우셨기 때문이다. 가끔 하나님의 자녀는 원수들이 분을 참지 못하고 헐뜯는 것을 지켜보는 즐거움을 누릴 수 있다. 그리고 이렇게 생각한다.

"그들이 주님을 모독했으니 나는 물론이고 지극히 높으신 분을 적으로 삼은 것이다."

이제 랍사게는 보잘 것 없는 군대를 거느린, 존재감이 없는 히스기야가 아니라 만군의 왕이신 여호와를 상대해야 했다.

하나님 백성들의 슬픔

이런 간구는 성경에 곧잘 등장한다. 예레미야는 이 방법의 대가였다. 그는 이렇게 간구한다.

"전에는 존귀한 자들의 몸이 눈보다 깨끗하고 젖보다 희며 산호들보다 붉어 그들의 윤택함이 갈아서 빛낸 청옥 같더니 이제는 그들의 얼굴이 숯보다 검고 그들의 가죽이 뼈들에 붙어 막대기 같이 말랐으니"(애 4:7-10)

"순금에 비할 만큼 보배로운 시온의 아들들이 어찌 그리 토기장이가 만든 질항아리 같이 여김이 되었는고"(애 4:2)

예레미야는 적들의 포위 공격 때문에 빚어진 슬픔과 곤경을 남김없이 털어놓는다. 그는 주님에게 고통 받는 시온을 보살펴 달라고 간구한다. 그러자 얼마 지나지 않아서 간절한 부르짖음이 전달되었다.

아버지에게 자녀의 부르짖음보다 효과적인 게 없다. 더 강력한 것이 있다면, 자녀가 너무 아파서 울지도 못하고 극도의 고통과 연약함을 호소하는 신음을 내는 것이다. 그 신음을 누가 거절할 수 있을까? 그리고 하나님의 이스라엘이 비참해져서 부르짖을 수 없고 오직 신음만 들리면 주님이 구원하는 순간이 임하고, 그분이 자기 백성을 얼마나 사랑하는지 확실하게 보여 줄 것이다.

우리 역시 같은 처지에 놓일 때마다 신음으로 간구할 수 있다. 교회가 커다란 어려움에 처할 때 우리는 그 상황을 활용해서 하나님이 어째서 남겨진 자기 백성들에게 돌아와서 구원해야 하는지 변론할 수 있다.

과거

우리는 경험이 있는 하나님의 백성들로서 어떻게 이것을 간구해야 하는지 알고 있다. 그것을 보여 주는 다윗의 사례가 여기에 있다.

"나의 구원의 하나님이시여 나를 버리지 마시고 떠나지 마소서"(시 27:9)

그는 어려서부터 줄곧 하나님의 은혜를 간구했다. 그는 태어날 때부터 하나님을 의지했다고 말하면서 이렇게 간구한다.

"하나님이여 내가 늙어 백발이 될 때에도 나를 버리지 마시며"(시 71:18)

모세 역시 하나님과 대화하면서 이렇게 말한다.

"주 여호와여 주께서 큰 위엄으로 속량하시고 강한 손으로 애굽에서 인도하여 내신 주의 백성 곧 주의 기업을 멸하지 마옵소서"(신 9:26)

그는 마치 이렇게 말하고 싶어 하는 것 같다.

"주여, 당신이 어째서 사소한 일을 하셔야 하는 겁니까? 당신은 위대하시고, 여기에 큰 죄인이 있습니다. 당신의 은혜가 필요합니다. 내가 범한 커다란 죄악이 당신의 위대한 은혜의 근거가 됩니다. 위대한 사랑을 내게 보여 주소서."

"당신의 일을 마무리하지 않은 채 끝내지 마소서. 세우기 시작하셨으니 완성하소서. 당신이 먼저 전쟁을 시작하셨으니 싸움을 끝내소서. 완벽하게 승리할 때까지 계속해서 싸우소서."

우리는 어려움을 겪을 때 얼마나 자주 이렇게 부르짖었는지 모른다.

"주여, 당신은 더할 수 없는 시련에서 나를 건지셨고, 더 이상 도움이 불가능해 보일 때도 결코 버리지 않으셨습니다. 나는 당신의 이름으로 에벤에셀을 세웠습니다. 당신이 버릴 생각이었다면 어째서 이런 일들을 내게 보여 주셨습니까? 당신의 종이 부끄러움을 당하도록 이곳에 데려오셨습니까?"

우리는 변함없는 하나님과 대화하지 않으면 안 된다. 그분은 장차 과거에 행하신 일을 그대로 반복할 것이다. 목적을 바꾸거나 계획을 포기하시지 않기 때문이다. 따라서 과거는 하나님에게서 축복을 얻을 수 있는 아주 강력한 수단이 된다.

우리는 부족함까지 하나님에게 변론으로 활용할 수 있다.

"먹는 자에게서 먹는 것이 나오고 강한 자에게서 단 것이 나왔느니라"(삿 14:14)

다윗은 한 곳에서 이렇게 호소한다.

"여호와여 나의 죄악이 크오니 주의 이름으로 말미암아 사하소서"(시 25:11)

이것은 아주 독특한 추론 방식이지만 해석하면 이런 뜻이다.

"주여, 당신이 어째서 사소한 일을 하셔야 하는 겁니까? 당신은 위대하시고, 여기에 큰 죄인이 있습니다. 당신의 은혜가 필요합니다. 내가 범한 커다란 죄악이 당신의 위대한 은혜의 근거가 됩니다. 위대한 사랑을 내게 보여 주소서."

모세가 죄를 범한 백성을 구원하도록 하나님이 능력을 보여 달라고 간구했을 때 같은 심정이었을 것이다. 하나님의 자제력은 대단하다. 보좌 밑으로 기어가서 몸을 낮춘 채 이렇게 간구하기도 한다.

"하나님, 상한 갈대 같은 나를 꺾지 마소서. 어리석은 삶을 밟지 마소서. 꺼져가는 등불에 지나지 않습니다. 나를 쫓으시렵니까? 다윗이 말한 것처럼 죽은 개나 벼룩을 뒤따르시겠습니까? 폭풍우에 날리는 이파리 같은 나를 쫓으시렵니까? 욥이 말했듯이 큰 바다, 혹은 큰 물고기처럼 나를 지켜보시렵니까? 나는 너무 작고, 당신은 보잘 것 없고 아주 악한 이에게 위대한 자비를 베푸실 수 있으니 자비를 베풀어 주소서."

여호와의 신성, 그 덕분에 엘리야가 승리의 간구를 하게 된 경우가 한 차례 있었다. 엘리야가 적들에게 그들의 신이 불로 응답하는지 확인해 보자고 제안했을 때 여러분은 그 예언자의 마음이 얼마나 흥분되었을지 거의 상상할 수 없다. 그는 적들을 크게 조롱하면서 말했다.

"큰소리로 부르라 그는 신인즉 묵상하고 있는지 혹은 그가 잠깐 나갔는지 혹은 그가 길을 행하는지 혹은 그가 잠이 들어서 깨워야 할 것인지"(왕상 18:27)

그들이 칼로 스스로를 베고 제단을 뛰어다니자 하나님의 사람은 그들의 무기력한 행동과 진지하지만 소용없는 부르짖음을 조롱하고 경멸했다.

하지만 엘리야가 파괴된 하나님의 제단을 다시 쌓고 송아지를 잡아서 장작 위에 올려놓았을 때 그에게 신앙의 능력이 없었다면 속으로 얼마나 떨었을지 생각해 보아야 한다.

그가 목소리를 높인다.

"물을 부으라. 내가 불을 감추고 있다고 의심하지 말라. 번제물에 물을 부으라."

그들이 지시를 따르자 다시 말한다.

"다시 그리하라."

그들이 또다시 그렇게 하자 그가 말한다.

"세 번째로 그리하라."

그리고 물이 스며들고 넘쳐흐르자 엘리야가 일어나서 하나님에게 부르짖었다.

"여호와여 주께서 이스라엘 중에서 하나님이신 것을 오늘 알

게 하소서"(왕상 18:36)

여기서 모든 게 시험을 받게 되었다. 달리 말하면, 이 대담한 예언자 덕분에 여호와 존재가 사람들의 눈앞에서 위기에 처하게 된 것이었다. 하지만 예언자의 부르짖음은 빠르게 응답되었다! 불이 내려와서 제물과 나무와 돌, 심지어 도랑에 흐르는 물까지 삼켜 버렸다. 여호와 하나님이 종의 기도에 응답하셨기 때문이다. 우리 역시 가끔 같은 일을 하고서 하나님에게 이렇게 기도할 수 있다.

"당신이 진정으로 하나님이시라면 당신의 백성들을 돕기 위해서 당신의 신성과 존재로써 스스로를 나타내 보이소서."

그리스도 예수의 고난과 중보

나는 그리스도 덕분에 하나님에게 간구하는 것이 허용될 때 우리가 무엇을 간구하는지 알지 못할까봐 두렵다. 언젠가 이런 생각을 하게 되었다. 우연히 떠오른 새로운 생각이었다. 우리는 그리스도의 이름으로 간구하면서 하나님의 응답을 구할 때는 대개 이런 식으로 기도한다.

"주여, 당신의 사랑하는 아들만 가능하지만 그의 공로를 힘입어 이렇게 간구하게 하소서."

하지만 우리가 사실을 알고 있다면 앞으로 더 나아갈 수 있다.

도시에서 상점을 운영하는 사람이 내게 이렇게 말한다고 해 보자.

"선생님, 내 사무실을 찾아가서 내 이름을 대고 물건을 달라고 하십시오."

사무실을 찾아가 이름을 대면 당연히 그리고 반드시 요구한 것을 손에 넣을 수 있다. 이것이 바로 예수 그리스도가 우리에게 말씀한 것이다.

"하나님에게 무엇을 구해야 한다면, 아버지의 소유가 모두 내 것이니 가서 내 이름을 사용하라."

여러분이 누군가에게 여러분이 서명한 백지수표를 건네야 한다고 가정해 보자. 그것은 예수님이 "내 이름으로 무엇이든지 내게 구하면 내가 행하리라"(요 14:14)고 말씀하신 내용과 거의 비슷하다. 만일 수표 밑에 확실하게 서명이 되어 있다면 은행에 가서 당연히 현금으로 교환할 수 있다.

따라서 하나님의 공의가 채무자가 되고 지극히 높은 분에게 공로를 주장할 수 있는 그리스도의 이름을 지니고 있으면, 두려워서 떨거나 숨을 죽이면서 말할 필요가 없다. 동요하거나 믿음이 흔들려서는 안 된다. 그리스도의 이름으로 간구할 때 지옥의 문이 요동치고 천사의 무리가 복종하고, 하나님이 직접 거룩한 간구의 신성한 능력을 감지하신다.

기도하면서 가끔 그리스도의 슬픔과 탄식을 더 자주 생각했다면 그만큼 더 잘 알 것이다. 하나님 앞에 그리스도의 상처를 가져가고, 그분의 부르짖음을 말씀드리고, 겟세마네의 예수님의 탄식을 다시 부르짖고, 그분의 피가 싸늘한 갈보리에서 다시 말하게 하라. 슬픔과 부르짖음과 신음으로 하나님에게 간구하면 거절당하지 않을 것이다.

찬양과 감사

성령이 우리의 소원을 간구하는 방법과 변론을 우리 입에 채우는 방법을 가르쳐 주시면, 우리 입에 찬양이 가득할 것이다. 기도하면서 변론으로 입을 채운 사람은 얼마 지나지 않아서 기도 응답으로 입에 축복이 가득할 것이다.

여러분의 입은 지금 축복이 가득한가? 무엇으로 채웠는가? 불평이 가득한 것은 아닌가? 더러운 것을 입에서 씻어낼 수 있게 주님에게 기도해야 한다. 그것은 우리에게 조금도 도움이 되지 않을 뿐더러 언젠가 문제의 원인이 될 수 있기 때문이다.

기도로 입을 채우고 변론으로 가득 채워서 다른 것이 끼어들 여지가 없게 해야 한다. 그러면 하나님에게 무엇을 구하든지 곧 응답될 것이다.

"또 여호와를 기뻐하라 그가 네 마음의 소원을 네게 이루어

주시리로다"(시 37:4)

"네 입을 크게 열라 내가 채우리라"(시 81:10)는 말씀은 아주 독특한 근동의 풍습에 근거하고 있다는 해석이 있는데, 얼마나 정확한지는 알 수 없다. 그리 오래지 않은 옛날에 페르시아 왕이 자신을 위해서 큰 공을 세운 신하에게 입을 벌리도록 지시했다고 한다. 그렇게 하자 왕은 진주, 다이아몬드, 루비, 에메랄드로 한 입 가득 채우고 나서 돌아가도록 했다. 근동 지역의 궁전에서는 총애를 입은 신하들에게 가끔 이런 일이 있었다고 한다.

이런 내용이 그 본문에 대한 정확한 설명에 적합한지 알 수 없지만 한 가지 실례는 될 수 있다.

"변론하는 너의 입을 열라."

그러면 하나님은 값을 알 수 없는 자비와 말할 수 없을 정도로 값진 보석으로 가득 채우실 것이다. 그렇게 가득 채우실 때 누가 입을 열지 않을까?

우리 가운데 마음이 가장 단순한 사람이 분명히 그것을 받을 정도로 지혜롭다. 그러니 하나님에게 변론할 때는 입을 크게 벌리자. 우리의 간구가 크면 크게 간구해서 크게 응답을 받게 될 것이다. 우리의 생각의 폭이 좁은 것은 하나님이 아니라 우리 책임이다. 크게 입을 벌려 기도하면 주님이 말 재주가 아니라 변론을 잘할 수 있는 놀라운 능력을 허락하신다.

내가 지금까지 그리스도인에게 말한 내용은 믿음을 갖지 않은 사람에게도 충분히 적용할 수 있다. 하나님은 그 능력을 여러분에게 보여 주시고, 겸손한 기도로 주 예수 그리스도에게 가서 그분 안에서 영생을 얻게 하신다.

5

거장에게 배우는
기도의 비밀

> 나는 가난하고 궁핍하오니 하나님이여 속히 내게 임하소서 주는 나의 도움이시오 나를 건지시는 이시오니 여호와여 지체하지 마소서 _ 시 70:5

나는 가난하고 궁핍하오니 하나님이여 속히 내게 임하소서 주는 나의 도움이시오 나를 건지시는 이시오니 여호와여 지체하지 마소서 _ 시 70:5

응답받는 기도의 4가지 특징

 과거에 젊은 화가들은 어떻게 해서든지 거장들의 지도를 받고 싶어 했다. 그들은 탁월한 사람들의 문하에 들어가면 더 뛰어난 실력을 갖출 것이라고 단정했다. 사람들은 장사나 전문직에 정통한 이들에게 자식들을 도제로 보내거나 훈련을 받게 하려고 상당한 비용을 지불했다.

 마찬가지로 기도의 거룩한 방법이나 비밀을 배우고 싶어하는 사람은 그 분야에서 가장 위대한 대가의 작품을 연구하는 게 좋다.

 시편을 기록한 다윗보다 기도를 더 잘 이해한 사람은 없다. 다윗은 찬송하는 법을 잘 알고 있어서 그가 만든 시편은 시대를 초월해서 훌륭한 사람들의 언어가 되었다. 또 다윗은 기도하는 방법을 잘 알고 있었고, 그래서 우리가 그의 정신과 기도하는 방식을 뒤따르면 누구보다 뛰어나게 하나님에게 간구하는 법을 익힐 수 있다.

 우리는 다윗의 후손이며 다윗의 주님, 곧 모든 중보자들 가운

거장에게 배우는 기도의 비밀

데 가장 강력한 분을 누구보다 앞서 모셔야 한다. 그러면 다윗이 그분 다음으로 본받을 만한 가장 훌륭한 본보기라는 것을 알게 된다. 따라서 우리는 성경의 본문을 영적 문제에 대한 거장의 작품으로 간주하고, 하나님이 같은 방법으로 기도할 수 있도록 도와주시기를 기도하면서 살펴보아야 한다.

시편을 보면 응답받는 기도를 하는 사람의 네 가지 특징이 등장한다.

"나는 가난하고 궁핍하오니 하나님이여 속히 내게 임하소서 주는 나의 도움이시오 나를 건지시는 이시오니 여호와여 지체하지 마소서"(시 70:5)

첫째는 고백하는 영혼이다.

"나는 가난하고 궁핍하오니"

다음은 변론하는 영혼이다. 가난한 상태를 호소하고 "하나님이여 속히 내게 임하소서"라고 덧붙인다. 셋째는 절박한 영혼이 "속히 임하소서"라고 부르짖는다. 그리고 네 번째이자 끝으로 하나님을 붙잡는 영혼이다.

시편 기자는 "주는 나의 도움이시요 나를 건지시는 이시오니"라고 말한다. 그는 축복을 받을 때까지는 보내지 않을 것처럼 하나님을 두 손으로 붙잡았다.

죄를 낱낱이 고백하는 기도

우리는 먼저 이 간구의 모델에서 고백하는 영혼을 만나게 된다. 씨름 선수가 시합을 하기에 앞서 옷을 벗는 것처럼 하나님에게 간구하는 사람은 그와 같이 고백해야 한다. 기도의 들판을 달리는 시합에 참가한 사람은 고백과 회개와 믿음으로 죄의 짐을 내려놓지 않는 한 승리를 기대할 수 없다.

죄인이 가장 먼저 구주를 찾을 때는 무엇보다 고백이 필요하다는 것을 늘 염두에 두어야 한다. 주님 앞에서 허물과 부정함을 인정하기 전까지 고통스런 마음에 평화가 깃드는 것은 불가능하다.

예수님을 믿는 것까지도 마음대로 할 수는 있지만, 허물을 충분히 고백하고 하나님 앞에 있는 그대로 마음을 내려놓지 않으면 하나님이 선택하셨다는 믿음을 확인할 수 없다.

우리는 대개 필요를 인정하지 않는 이들에게는 인정을 베풀고 싶어 하지 않는다. 의사는 아프지 않은 사람에게 약을 처방하지 않는다. 복음서에 등장하는 눈먼 사람은 자신이 앞을 못

본다는 것을 알고 길가에 앉아 구걸을 했다. 만일 그가 자신의 눈이 멀었는지 의심했다면 주님은 그냥 지나치셨을 것이다.

주님은 눈이 멀었다는 것을 인정하는 이들을 눈뜨게 하시지만 그렇지 않는 사람들에게는 "너희가 본다고 하니 너희 죄가 그대로 있느니라"(요 9:41)고 말씀하신다. 주님은 자신에게 나온 사람들이 공개적으로 자신들의 필요를 인정하도록 "네게 무엇을 하여 주기를 원하느냐"(막 10:51)고 물으신다.

우리 모두 반드시 그렇게 해야 한다. 고백해야 한다. 그러지 않으면 축복을 받을 수 없다.

하나님과 화해하고 보혈에 의지해서 구원을 얻고 싶어 하는 이들에게는 따로 이런 말을 하고 싶다. 우리는 하나님 앞에서 아주 솔직하게, 아주 진실하게, 아주 분명하게 고백해야 한다. 조금도 숨겨서는 안 된다. 숨길 수 있는 게 전혀 없기 때문이다.

하나님은 우리의 잘못을 이미 알고 계시지만, 우리가 그것을 깨닫기를 바라시고 고백하라고 요구하신다. 은밀하게 인정하는 죄를 하나님 앞에서 낱낱이 고백하라. 어떤 핑계도 대지 말고 어떤 변명도 하지 말라. 이렇게 말하라.

"내가 주께만 범죄하여 주의 목전에서 악을 행하였사오니 주께서 말씀하실 때에 의로우시다 하고 주께서 심판하실 때에 순전하시다 하리이다"(시 51:4)

범죄를 인정해야 한다. 그것을 깨달을 수 있도록 하나님에게 간구하라. 사소하게 취급하면 안 된다. 전혀 그렇지 않다. 그리스도는 죄인을 죄의 결과로부터 구속하려고 직접 죽음을 당해야 했다. 그것으로부터 구원받지 못하면 영원히 죽을 수밖에 없기 때문이다.

그러므로 죄를 가볍게 대해서는 안 된다. 하나님이 엄격하게 간주하시기 전에 마치 가벼운 실수처럼 고백해서는 안 된다. 하나님처럼 죄가 모든 선한 것을 위반하고, 모든 친절한 것을 배반하는 것으로 간주해야 한다. 죄를 반역으로, 감사를 모르는 것으로, 비열하고 천한 것으로 대해야 한다.

자신을 잘 꾸며서 하나님 앞에서 스스로의 상태를 감출 수 있다고 생각해서는 안 된다. 있는 그대로 드러내야 한다. 드러낼 수는 있지만 감추는 것은 불가능하다. 죄를 있는 그대로 느끼게 되면 어중간하게 생각하지 않는다. 죄를 있는 그대로 고백하면 조금도 다른 생각을 할 수 없다. 있는 힘껏 마음에서 죄를 털어내고 이렇게 말하라.

"내가 하늘과 아버지께 죄를 지었사오니"(눅 15:21)

어려서나 어른이 되어 범한 죄, 몸과 영혼이 범한 죄, 실수로 혹은 어쩔 수 없이 범한 죄, 법을 어기고 복음서의 교훈을 위반한 죄를 남김없이 인정하라. 하나님의 법, 스스로의 양심, 그리고 성령이 올바르게 지적하는 악의 일부를 잠시라도 부정하려고 해서는 안 된다.

기도를 통해서 하나님과 화해하고 인정을 받으려면 죄에 따른 벌을 인정하라. 하나님의 법이 선고하는 것은 무엇이든지 복종하라. 죄의 결과는 더할 수 없이 고통스런 지옥이라는 것을 고백하라. 입술만이 아니라 영혼으로 털어놓으라. 다음의 기도를 가장 진솔한 마음의 노래로 삼으라.

"무릇 나는 내 죄과를 아오니 내 죄가 항상 내 앞에 있나이다"(시 51:3)

스스로를 정죄하면 하나님은 용서하신다. 자신의 죄를 인정하고 판결하면 달리 판결하실 수 있는 하나님은 이렇게 말씀하실 것이다.

"아들의 공로 때문에 너를 용서한다."

하지만 고백하지 않고 등을 돌리면 하늘의 왕에게서 용서를 기대하지 말아야 한다. 누구보다 인자한 아버지라도 자식이 잘못하면 미안해 하기를 기대하고, 그가 눈물을 흘리면서 잘못을 인정할 때까지 속상한 모습을 감추지 않을 것이다.

여러분은 하나님이 겸손해지기를 바라기 때문에 그분이 강요하지 않는다고 해서 감히 겸손해지려고 하지 않는 것인가? 하나님은 여러분의 잘못을 묵인하시고 허물을 못 본 체 하실까?

하나님은 자비를 베풀지만 거룩한 분이다. 용서할 준비가 되어 있지만 죄를 용납하시지 않는다. 때문에 죄를 감추고 죄를 짓지 않았다고 생각하면 하나님은 용서하시지 않는다. 그러니 서둘러 은혜의 보좌로 나가서 고백해야 한다.

"나는 가난하고 궁핍합니다. 죄를 범했고, 길을 잃었습니다. 자비를 베풀어 주소서."

이렇게 인정하고 기도를 시작하게 되면 예수님을 통해서 풍성한 기도 응답을 받는다.

하나님의 교회에도 마찬가지의 원리가 적용된다. 성령의 능력이 교회 안에 나타나기를 기도한다면, 이 문제가 성공적으로 변론되기 위해서는 성경에 기록된 "나는 가난하고 궁핍하오니"라는 고백을 진심으로 반복해야 한다. 우리는 이런 일에 무능하다는 사실을 인정해야 한다. 구원은 주님에게 속해 있어서 우리는 단 한 명의 영혼도 구할 수 없다.

하나님의 영은 그리스도 안에 계시기 때문에 그분을 교회의 머리로 모셔야 한다. 우리는 성령에게 지시할 수 없지만, 그분 없이는 아무것도 할 수 없다. 성령은 임의로 움직이신다. 우리는 이것을 철저히 느끼고 정직하게 인정해야 한다. 우리는 성령이 우리와 함께, 그리고 우리를 통해서 일하시려고 스스로를 낮추실 정도의 가치가 없다는 것 역시 인정해야 한다. 성령이 맞춰주시지 않으면 우리는 그분의 목적에 어울리지 않는다. 죄 때문에 그분이 우리를 떠나게 만들 수도 있다. 성령은 우리와 함께하고 배려하려고 애쓰지만 이런 말씀을 남긴 채 떠날 수 있다.

"더 이상 교회를 비추지 않을 것이다. 더 이상 교회의 사역 역시 축복하지 않을 것이다."

자신을 무가치하게 간주하는 게 간절한 기도를 준비하는 데 도움이 될 수 있다. 하나님은 축복하기에 앞서 교회로 하여금 축복은 모두 성령에게서 비롯된다는 사실을 깨닫게 하신다.

"이는 힘으로 되지 아니하며 능력으로 되지 아니하고 오직 나의 영으로 되느니라"(슥 4:6)

기드온의 공적인 삶은 아주 특별했다. 그의 삶은 특히 교훈적인 두 가지 이적과 더불어 시작되었다. 나는 하늘에 계신 아버지가 기드온에게 주셨던 교훈을 우리에게 그대로 허락하셔서 그것을 익히면 그분의 목적에 맞게 사용하신다고 생각한다.

우리가 알고 있듯이 기드온은 양털 한 뭉치를 타작마당에 두었다. 아침에 보니 주변은 완전히 말랐고 양털만 젖어 있었다. 하나님은 기드온이 짜낼 정도로 양털을 젖게 하셨는데 그 물기는 적절한 조건에서 생겨난 게 아니었다. 주변은 완전히 말라 있었다. 하나님은 은총의 이슬을 내려 주시고 우리 가운데 누군가 하늘의 물기에 충분히 젖게 되면, 그것은 하나님이 늘 축복하시는 사역의 타작마당에 누워 있거나, 혹은 주님이 은혜롭게 찾아오시는 교회 안에 있기 때문이 아니라는 것을 일깨워 주려고 하신다.

우리는 성령의 방문이 주님의 주권적 은혜의 열매이고, 하나님의 무한한 사랑의 선물이며 사람의 의지나 능력으로 되는 게 아니라는 사실을 명심해야 한다.

그런데 계속해서 토마스 풀러(Thomas Fuller, 1608-1661)가 노년에 "하나님의 기적은 방향이 바뀌어도 여전히 영광스럽다"라고 말한 것처럼 상반된 기적이 일어났다. 다음날 밤이 되자 양털은 말랐지만 주변은 완전히 젖어 있었다. 의심하는 사람들은 이렇게 말할 수도 있다.

"양털은 당연히 수분을 흡수하니까 공기 중에 수분이 조금이라도 있었다면 양털이 빨아들였을 것입니다."

그런데 이 경우는 달랐다. 사방에 이슬이 상당히 많이 내렸지만 있을 것으로 예상된 곳에는 전혀 없었다. 돌은 젖어 있었지만 양털은 말라 있었다.

이처럼 하나님은 우리 내부에 어떤 능력이 있어서 직접 은총을 베푸는 게 아니라는 것을 우리에게 일러주신다. 심지어 받아들이도록 마음을 준비시키신 경우에도 하나님은 자신의 은총과 성령이 아주 자유롭게 활동하고 주권을 행사하고, 우리가 만든 어떤 법칙에도 얽매이지 않으신다는 것을 깨닫게 하신다. 만일 양털이 젖어 있었다면 하나님이 젖게 만드신 것이다. 그것은 양털이라서가 아니라 하나님이 그렇게 하기로 결정하셨기 때문이다.

그분은 처음부터 끝까지 자신의 은총에 대해 모든 영광을 받으신다. 그래서 우리는 이 진리 앞에 제자들이 되어야 한다. 온갖 은사와 선물이 위대한 빛들의 아버지로부터 내려온다는 것을 명심해야 한다. 우리는 그분의 일꾼이고, 그분은 모든 일을 우리를 위해서 이루신다(사 26:12). 은총은 우리의 입장이나 조건에 좌우되지 않는다. 바람은 내키는 대로 분다. 주님이 역사하시면 누구도 막지 못한다. 역사하시지 않으면 아무리 강하고 뜨겁게 노력해도 헛일이다.

그리스도가 수천 명을 먹이시기에 앞서 제자들을 시켜서 그들이 지닌 것을 파악하도록 지시하신 것은 중요한 의미가 있다. 식량이 얼마나 부족한지 확인하게 한 것은 적절했다. 그러고 나서 무리에게 먹을 것을 건네자 음식을 담은 바구니나 아이 때문에 허기를 채웠다고 말할 수 없었다. 하나님은 우리에게 있는 보리빵과 물고기가 얼마나 적은지 깨닫게 하셔서 "그것이 이 많은 사람에게 얼마나 되겠사옵니까?"(요 6:9)라고 묻게 만드신다.

구세주가 제자들에게 배의 오른쪽에 그물을 던지라고 말씀하셨고, 그들은 엄청나게 많은 물고기를 잡았다. 그분은 제자들이 밤새도록 수고했지만 소득이 없었다는 것을 고백하기 전까지는 그 이적을 행하시지 않았다. 덕분에 그들이 물고기를 많이 잡게 된 것은 그물이나 고기 잡는 기술, 혹은 배를 다루는 기술 때문이 아니라 전적으로 주님 덕분이라는 것을 익혔다. 우리도 이렇게 해야 한다. 빠르면 빠를수록 좋다.

옛날 유대인들은 일찍부터 유월절을 지켰는데, 그들이 어떻게 했는지 살펴볼 필요가 있다. 누룩을 넣지 않은 빵과 유월절 어린양을 먹어야 했다. 하지만 묵은 누룩을 완전히 내버리기 전까지는 누룩 넣지 않은 빵과 유월절 어린양은 있을 수 없다.

만일 과거의 능력이나 자기 확신을 조금이라도 지니고 있고, 자신에게 속한 무엇인가를 지니고 있다면, 그래서 누룩이 남아 있다면 즉시 버려야 한다. 영적 유월절을 지키는 데 필요한 하늘의 양식을 채우기에 앞서 보관할 곳을 비워야 한다.

나는 하나님이 우리를 깨끗이 비우게 만드실 때 감사한다. 하나님이 교회를 이루는 우리가 영적인 가난을 느끼게 하실 때 그분의 이름을 찬양한다. 그때 확실하게 축복이 임하기 때문이다.

이것을 설명하는, 어쩌면 훨씬 더 확실한 사례가 있다. 갈멜산에서 바알 선지자들과 맞선 엘리야를 주목할 필요가 있다.

이스라엘의 선택을 위해서 마련된 시험은 이랬다. 불로 응답하는 신이 바로 하나님이라는 것이었다. 바알 선지자들은 하늘의 불을 간구했다. 하지만 전혀 소득이 없었다. 엘리야는 준비한 제물에 불이 임할 것이라고 확신했지만, 거짓 제사장들과 변덕스런 사람들이 그가 직접 불을 붙였다고 의심하는 일이 없도록 확실하게 해 두려고 했다. 그 문제에 관해서 인간의 계략이나 술책, 혹은 교묘한 조작이 존재하지 않는다는 것을 분명히 밝혀 둘 생각이었다. 불은 주님에게서, 그리고 오로지 주님만 가능하다는 것을 확인할 수 있어야 했다. 선지자가 단호하게 지시한 것을 기억할 필요가 있다.

"또 나무를 벌이고 송아지의 각을 떠서 나무 위에 놓고 이르되 통 넷에 물을 채워다가 번제물과 나무 위에 부으라 하고, 또 이르되 다시 그리하라 하여 다시 그리하니, 또 이르되 세 번째로 그리하라 하여 세 번째로 그리하니 물이 제단으로 두루 흐르고 도랑에도 물이 가득 찼더라"(왕상 18:33-35)

거기에는 숨겨진 불이 있을 수 없었다. 그곳에 속임수로 불을 붙일 수 있는 가연성 물질이나 화학 물질이 있었더라도 모두 물에 젖어 쓸모없게 되었을 것이다. 누구도 사람의 힘으로는 제물을 태울 수 없다고 생각할 때 엘리야는 눈을 들어 하늘을 보고 간구하자 주님의 불이 내려와서 번제물과 나무와 제단의 돌과 흙을 태우고, 심지어 도랑의 물까지 모두 말라 버렸다. 그때 모든 사람들이 그것을 보고 엎드려서 고백했다.

"여호와 그는 하나님이시로다 여호와 그는 하나님이시로다"
(왕상 18:39)

우리와 함께하시는 하나님이 우리를 놀랍게 축복하려고 할 때는 몇 번이라도 거듭해서 물을 부으실 수 있다. 그 축복이 설교자나 조직, 혹은 사람이 아니라 알파와 오메가이시며 모든 일을 자신의 뜻에 따라 결정한 대로 행하시는 하나님에게 속한 것이라는 사실을 예외 없이 깨달을 때까지 우리를 낙심시키고, 슬프게 하고, 시험하고, 낮아지게 하실 수 있다.

그래서 나는 우리가 가난하고 부족하다고 고백하는 게 성공적인 기도의 가장 좋은 출발점이라고 소개한 것이다.

믿음을 변론하는 기도

공로와 자기만족에서 완전히 벗어난 영혼은 기도하게 되는데, 이때 변론하는 영혼이 된다.

"나는 가난하고 궁핍하오니 하나님이여 속히 내게 임하소서 주는 나의 도움이시요 나를 건지시는 이시오니 여호와여 지체하지 마소서"(시 70:5)

생각이 깊은 독자는 이 구절에서 네 가지 간구를 확인할 수 있다. 이 주제에 관해 기도할 때 변론을 활용하는 게 믿음의 습관이라고 말하고 싶다. 아무 생각 없이 기도만 하는 사람들은 기도를 하지 않고 하나님과 대화하고 있다는 것을 잊어버린다.

효과적으로 변론하는 사람은 이유와 확실한 근거를 제시하고 주님과 그 문제를 놓고 토론을 벌인다. 재미삼아 씨름하는 사람은 이리저리 닥치는 대로 붙잡지만 실제로 시합을 하는 사람은 상대를 제압하는 확실한 기술을 가지고 있다. 그들은 순서와 규칙을 따라서 시합한다. 믿음의 씨름 기술은 하나님에게 변론하고 거룩한 담대함으로 "그런 이유 때문에 응답해 주셔야 합니다"라고 말하는 것이다.

호세야는 얍복강가에 머물던 야곱을 소개하면서 "거기에서 우리에게 말씀하셨다"(호 12:4)고 말했다. 나는 야곱이 우리에게 모범을 통해서 가르쳐 주었다고 생각한다. 야곱이 활용한 두 가지 변론은 하나님의 명령과 하나님의 약속이었다.

첫째, 야곱은 "주께서 전에 내게 명하시기를 네 고향, 네 족속에게로 돌아가라고 하셨나이다"(창 32:9)라고 말했다. 이것을 그대로 옮기면 이렇다.

"주여 나는 어려움에 빠졌습니다. 그러나 나는 당신에게 순종하며 이곳에 왔습니다. 당신이 그렇게 하라고 말씀하셨습니다. 주여, 사자처럼 다가오는 나의 형 에서의 이기심 안에 들어왔습니다. 당신은 결코 나를 위험 속에 방치하지 않으실 겁니다."

이 기도는 근거가 충분해서 하나님도 납득하셨다. 계속해서 야곱은 약속까지 거론했다.

"주께서 말씀하시기를 내가 반드시 네게 은혜를 베풀리라 하셨나이다"(창 32:12)

사람들 사이에서는 상대의 발언을 활용하면서 도전하는 게 괜찮은 논증의 방식이다. 다른 권위자를 인용하면 상대가 그 권위를 인정하지 않을 수도 있다. 하지만 상대를 인용하게 되면 완벽하게 물리칠 수 있다.

약속을 상기시키면 스스로가 성실하지 못하고 변덕스럽다는 것을 분명히 인정하게 된다. 일관되거나 자신의 말에 충실하면 상대를 이기고 바라는 것을 얻을 수 있다. 우리는 명령, 약속 그리고 우리에게 도움이 되는 것을 활용해서 간구하는 법을 익혀야 한다.

언제나 변론거리를 확보해야 한다. 변론하지 않으면 기도한 게 아니다. 기도의 핵심이 변론이기 때문이다. 변론하는 사람은 하나님을 설득할 수 있는 비결을 잘 알고 있다. 예수님의 보혈을 주장할 경우에는 특히 그렇다. 보혈은 하늘의 보고를 연다. 열쇠마다 어울리는 자물쇠가 있다. 하지만 죽었다가 부활해서 끝까지 구원하려고 영원히 하늘나라에 거하시는 예수님의 보혈과 이름은 만능 열쇠이다.

믿음에 근거한 변론은 흔할 뿐 아니라 자주 제기된다. 처지는 달라도 믿음은 동일하고 누구든지 변론이 필요하기 때문이다. 믿음은 여러 가지 요구를 하고, 관점이 예리해서 어떤 경우든지 변론이 필요하다는 것을 알아차린다.

나는 믿음에 근거한 변론을 전체적으로 거론하지 않고, 그것이 얼마나 풍성한지 간단히 확인하는 수준에서 소개하고 싶다.

믿음은 하나님의 모든 속성들에 호소한다.

"당신은 의로우시니 구세주가 대신 죽으신 영혼을 용서하소서. 당신은 자비하시니 내 잘못을 덮어 주소서. 당신은 선하시니 당신의 종에게 은혜를 베푸소서. 당신은 불변하시고, 당신의 종을 이러저리 살피셨으니 내게도 그리하소서. 당신은 성실하시니 당신의 언약을 깨지 마시고, 언약을 저버리지 마소서."

바르게 보기만 하면 하나님의 속성들이 믿음을 위한 변론이 된다. 믿음은 하나님과의 은혜로운 관계를 담대하게 간구한다. 믿음은 이렇게 말한다.

"당신은 창조주가 아니십니까? 직접 만드신 작품을 포기하실 생각이십니까? 당신은 구속자가 아니십니까? 당신의 종을 구속하고서 내버리려고 하십니까?"

믿음은 언제나 하나님의 아버지 역할을 즐겨 주장한다. 이것은 대개 믿음의 핵심적인 주장들 가운데 하나이다. 이것을 앞세우면 반드시 승리한다.

"당신은 아버지시니 우리를 죽이려고 하실 때도 연단을 위한 것이지요? 아버지시니 동정하시고 연민을 베푸시겠지요? 아버지시니 자식이 구하는 것을 부정하시지 않겠지요?"

나는 기도하다가 하나님의 위대하심에 눌리고 기가 꺾일 때가 있다. 그때마다 그분이 위대하고 한없이 영광스런 왕이지만 나는 자녀라서 아버지의 신분과 관계없이 늘 담대하게 함께할 수 있다는 것을 기억하면 손쉽게 해결된다. 믿음은 하나님이 직접 선택한 사람들을 지탱하는 모든 관계를 주장할 수 있다.

믿음은 하나님의 약속을 가지고 하늘나라를 오간다. 여러분이 만일 롬바르드 거리에 있는 어느 은행에 들렀는데 한 사내가 드나들면서 탁자 위에 수표를 내려놓았다가 다시 집어 든다면, 또 하루에도 몇 번씩 그런 행동을 한다면 즉시 경비원에게 그 사내를 내보내라는 지시하게 될 것이다. 은행원의 시간을 빼앗을 뿐 아니라 은행을 찾아온 목적과 전혀 상관없는 일을 하기 때문이다.

실제로 일 때문에 은행을 방문한 사람들은 일이 처리될 때까지 기다렸다가 떠나지만 업무를 방해하지는 않는다. 그들은 수표의 멋진 사인을 언급하거나 서류의 정확성을 논의하지 않고, 거기에 해당하는 금액을 요구하고 그것을 받지 않으면 만족하지 않는다. 은행은 이런 사람들을 언제나 반기고 가볍게 대하는 법이 없다.

유희처럼 기도하는 사람이 너무 많다. 그것은 전혀 도움이 되지 않는다. 그들은 그저 기도를 즐기고 하나님의 응답을 기대하지 않기 때문에 하나님을 조롱하는 사람들에 불과하다. 성실하게 기도하는 사람은 입으로 하나님에게 영광을 돌린다. 하나님은 재미로 약속하시지 않고, 예수님은 보혈로 말씀을 확증하실 때 장난하지 않는다. 때문에 우리는 기대하지 않는 마음으로 기도를 조롱해서는 안 된다.

성령이 진지하시니 우리 역시 진지해야 한다. 우리는 축복을 구해야 하고, 그것을 얻기까지 만족해서는 안 된다. 사냥꾼이 아무리 많이 돌아다녀도 사냥감을 손에 넣을 때까지 만족하지 않는 것과 같다.

게다가 믿음은 하나님의 행동을 간구한다. 믿음은 과거를 돌아보면서 이렇게 말한다.

"주여, 당신은 이런저런 상황에서 나를 구원하셨습니다. 이제는 그렇게 하지 않으실 겁니까?"

더 나아가서 믿음은 목숨을 걸고 이렇게 변론한다.

"과거에 많은 자비를 베푸신 당신이 결국에 망하게 내버려 두실 겁니까?"

"끝내 부끄러움을 겪게 하시려고 지금껏 인도하셨습니까?"

믿음은 과거에 하나님이 자비를 베푸신 방법을 알고 있어서 지금 도움을 주장한다. 하지만 믿음의 변론을 일일이 거론하려면 시간이 부족할 것이다.

가끔 믿음의 변론이 단순할 때가 있다. 이 글을 시작하면서 인용했던 구절처럼 "나는 가난하고 궁핍하오니 하나님이여 속히 내게 임하소서"라고 변론하는 것은 교만한 인간의 본성과는 전혀 무관하다. 그것은 다윗의 또 다른 기도와 비슷하다.

"여호와여 나의 죄악이 크오니 주의 이름으로 말미암아 사하소서"(시 25:11)

이렇게 변론하는 것은 인간들의 방법과 다르다. 그들은 이렇게 말한다.

"주여, 자비를 베풀어 주소서. 나는 다른 사람들처럼 죄를 범하지 않았습니다."

하지만 믿음은 보다 참된 빛으로 상황을 파악하고 진리에 근거해서 변론한다.

"주여, 나의 죄가 크고 당신은 위대하시니 당신의 위대한 자비를 내게 허락해 주소서."

우리는 수로보니게 여인의 일화를 알고 있다. 그 일화는 탁월한 믿음의 추론을 보여 주는 대표적인 사례이다. 여인이 딸 때문에 그리스도를 찾아왔지만 전혀 대답을 듣지 못했다. 그녀의 심정은 어땠을까? 당연히 이렇게 생각했을 것이다.

"그래도 좋아. 주님은 나를 거절하지 않으셨어. 한마디도 하지 않으셨으니 나를 외면한 것은 아니야."

이것 때문에 용기를 얻은 그녀는 또다시 변론을 시작했다. 얼마 지나지 않아 그리스도가 단호하게 말씀하시자 그녀는 이렇게 대담하게 생각했다.

"그분의 말씀을 들었으니 곧 그분의 행동까지 보게 될 거야."

그것 역시 그녀에게 힘이 되어 주었다. 그러고 나서 주님이 개라고 부르자 그녀는 이렇게 생각했다.

"개도 가족의 일원이라서 집주인과 어느 정도는 관계가 있습니다. 식탁에 앉아 먹지 않더라도 그 아래서 부스러기를 먹습니다. 그러니 위대하신 주님, 지금 나는 개와 다르지 않습니다. 당신에게는 부스러기에 불과하지만 내게는 너무 커다란 당신의 자비를 간구합니다. 허락해 주시기를 간청합니다."

그녀는 간구한 것을 얻지 못했을까? 그럴 수 없었다. 믿음이 의지를 가지면 길이 있는 법이다. 그래서 상황이 완전히 부정적일 때도 승리를 거두게 된다.

믿음의 변론은 단순하지만 언제나 정당하다는 말을 덧붙이고 싶다. 결국 우리가 가난하고 궁핍하다고 주장하는 게 효과적인 변론이기 때문이다. 자비를 구하는 게 핵심적인 주장이 아닐까? 필요는 사람에게든 아니면 하나님에게든 최상의 변론이다. 부족함은 우리가 앞세울 수 있는 최고의 이유가 아닐까?

만일 환자를 위해서 급히 달려올 수 있는 의사가 있다면 우리는 "선생님, 지금은 특수한 경우입니다. 환자가 죽어가고 있으니 빨리 와 주세요!"라고 말할 것이다. 소방관이 화재 때문에 급히 출동해야 할 상황에서는 "서둘러 주세요. 대단한 불은 아닙니다"라고 말하면 안 된다. 오히려 "가연성 물질이 가득한 오래

된 주택이고, 집안에는 석유와 화약이 있다는 소문이 있을 뿐 아니라 목재 야적장과 가깝고 무수한 목조 주택들과 인접해 있어서 얼마 지나지 않아 도시 절반이 불바다가 될 것"이라고 주장해야 한다.

우리는 최악의 상황을 알려야 한다. 하나님에게 변론할 때도 마찬가지의 지혜가 필요하다. 어디든지 논증거리를 찾아야 하지만 우리의 부족한 것을 집중적으로 알려야 한다.

두 세기 전까지는 구걸 무역을 쉽게 활용했지만 이익은 그 무엇보다 박했다고 한다. 요즘에도 그것을 활용하는지는 알 수 없다. 하나님과의 구걸 무역은 쉽지 않다. 하지만 세상에서는 큰 이익을 얻을 수 있다. 거지가 늘 사람들에게 거듭 호소하는 것에 주목해야 한다. 어렵고 배고픈 사람은 아무에게나 도움을 청할 수 있는 근거를 찾아내는 법이다.

여러 차례 신세를 진 가난한 사람이 있다고 가정해 보자. 그는 이렇게 주장한다.

"나는 흔쾌히 다시 한 번 부탁할 수 있습니다. 상대방이 나를 알고 있고, 언제나 친절하기 때문입니다."

과거에 부탁한 적이 없다면 이렇게 말할 수 있다.

"나는 그 사람에게 한 번도 걱정거리가 되지 않았습니다. 그러니 나를 위해 이미 할 수 있는 모든 조치를 다한 게 아닙니다."

친척이라면 이렇게 말할 수 있다.

"곤경에 처해 있으니 무슨 일이 있더라도 도와주셔야 합니다. 우리는 핏줄이 아닙니까?"

그리고 낯선 사람이라면 이렇게 말할 수 있다.

"생소하더라도 가끔 혈육보다 더 친절한 분들이 있습니다. 도와주세요. 부탁입니다."

부자에게는 결코 도움을 잊지 않겠다고 호소한다. 그리고 가난한 사람의 경우에는 궁핍이 무엇인지 알고 있으니 큰 어려움을 겪고 있는 자신을 동정할 것이라고 확신한다.

우리가 주님을 마주할 때는 방심하지 말고 절반 정도는 논증을 해야 한다. 어째서 정신을 차리고 영적 감각을 활용하려고 하지 않는 것일까? 하나님이 직접 영원한 하나님을 상대로 변론하는 법을 익힐 수 있게 허락해 주시기를 기도한다. 예수 그리스도의 공로에 의지해서 하나님으로부터 바라는 것을 얻을 수 있는 것은 그분에게 달려 있다.

나는 가난하고 궁핍하오니

다음 주제, 곧 자비를 구하는 절박한 영혼을 잠시 살펴보자. 자비를 구하는 영혼은 이렇게 부르짖는다.

"하나님이여 속히 내게 임하소서…여호와여 지체하지 마소서"(시 70:5)

아직 구원을 받지 못했다면 당연히 하나님에게 서둘러 요청할 수 있다. 급히 필요하기 때문이다. 우리는 언제나 심각한 위험을 마주보고 있다. 죄인은 한 시간, 혹은 일분 안에 전혀 희망이 없는 처지에 놓일 수 있다. 그러니 이렇게 부르짖어야 마땅하다.

"하나님이여 속히 내게 임하소서. 나를 구원하소서. 오, 여호와여! 지체하지 마소서."

지체할 상황이 아니며 꾸물거릴 수 있는 여유가 없다. 급히 서둘러야 한다. 우리의 처지가 그렇기 때문이다.

그리고 실제로 필요를 느끼고 하나님의 영이 함께 역사하시면 급히 서두르게 되고, 또 그렇게 해야 마땅하다는 것을 기억해야 한다. 평범한 죄인은 기다리는 데 만족하겠지만, 급박한 영혼은 자비가 필요하다. 죽은 죄인은 말없이 누워 있지만 살아 움직이는 죄인은 영혼의 거처가 보장될 때까지 쉴 수 없다.

여러분이 오늘 아침부터 서두른다면 나는 기쁠 것이다. 영적인 생명을 소유해서 그런 일이 가능하다고 생각한다. 구세주 없이 더 이상 살아갈 수 없는 순간에 구세주가 찾아오시고, 우리는 그분 안에서 즐거움을 누리게 된다.

이미 말했던 것처럼 여러분 역시 동일한 진리가 적용된다. 여러분이 절실히 필요를 느끼고 긴박할 때 하나님은 급히 찾아와서 축복하신다. 세상에 있는 교회의 필요가 얼마나 큰지 알 수 없다. 우리는 점점 냉랭해지고 부정하고 세속적으로 바뀌어 갈 것이다. 우리가 성령 충만하지 않으면 회심은 찾아볼 수 없고, 그리스도인의 숫자는 늘기보다 줄고, 분열이 있고, 온갖 죄악이 만연하고, 사탄이 즐거워하고, 그리스도는 영광을 잃을 것이다. 우리의 필요는 절박하다. 우리가 그런 필요를 절감할 때 바라는 축복을 누리게 된다.

어떤 우울한 사람은 묻는다.

"우리의 상황은 대단한 축복을 기대할 수 없을 정도로 나쁜 게 아닐까?"

나는 이렇게 대답한다. 혹시 우리의 처지가 악화되더라도 그만큼 빨리 축복을 누릴 수 있다. 내 말은 실제로 그렇다는 게 아니고, 더 악화되고 있다고 생각하게 되면 축복이 더 가까워졌다는 뜻이다.

우리가 좋지 않은 상황 때문에 한탄하고, 그래서 하나님에게 더 간절히 부르짖으면 축복이 찾아온다. 하나님은 기드온과 동행하는 것을 결코 거부하지 않으셨다. 용맹한 사내들이 없어서가 아니었다. 오히려 그런 사람들이 너무 많아서 잠시 숨을 골랐다. 하나님은 숫자를 수백 명으로 줄이고 나서 승리를 안겨 주셨다. 하나님의 임재를 경험해야 하지만 그럴 만한 자격이 없다고 느껴질 때, 그리고 그런 생각 때문에 초라해지는 순간에 축복이 임하게 된다.

하나님이 교회에 은총의 이슬을 내려 주시기를 간구하는 나의 마음은 절박하다. 나는 이것이 부끄럽지 않다. 기도할 수 있는 권리가 있기 때문이다. 거리에서 구걸하는 것은 금지되어 있다. 하지만 하나님 앞에서 나는 허락받은 거지이다. 예수님은 "항상 기도하고 낙심하지 말라"(눅 18:1)고 말씀하셨다.

여권을 가지고 있으면 전혀 거리낌 없이 외국에 들어갈 수 있다. 하나님이 자녀들에게 다가올 수 있는 권리를 주셨다면 과감하게 자비의 보좌로 나갈 수 있다. 하나님은 여러분을 초대하시고 격려하시고 다가오도록 허락하시고, 믿고 무엇이든 기도하면 응답받는다고 약속하셨다. 그러니 서둘러 급박하게 나가서 이렇게 간구하라.

"나는 가난하고 궁핍하오니…여호와여 지체하지 마옵소서"

그러면 반드시 축복이 찾아올 것이다. 지체하지 않을 것이다. 하나님은 우리가 그것을 목격하고 자신에게 영광을 돌리도록 허락하신다.

하나님을 붙잡는 기도

아쉽지만 자세히 설명해야 할 부분을 간단하게 거론했다. 이제 네 번째 주제로 넘어가야 한다. 여기에 기도의 또 다른 방식과 신비, 즉 하나님을 붙잡는 영혼이 있다. 변론했고 자비를 긴박하게 간구했어도 아직 마지막 내용이 남아 있다.

그것은 한 손으로 붙잡은 채 "주는 나의 도움이시요"라고 말하고, 또 다른 손으로 붙잡은 채 "주는 나의…건지시는 이시오니"라고 말하는 것이다.

'나의'라는 말은 진정으로 복되고 능력이 있다. 성경의 달콤함은 소유대명사에 있고, 시편 기자처럼 그것들을 구사하는 법을 배운 사람은 영원한 하나님과 더불어 강력한 적을 물리칠 수 있다. 그래서 나는 여러분이 복되신 그리스도의 하나님에게 "주는 나의 도움이시오 나의 건지시는 이시라"고 고백할 수 있기를 기도한다.

여러분이 그런 수준에 도달할 수 없어 슬퍼할 수 있겠지만 그렇다고 달리 도움을 구할 수 있습니까? 만일 그렇다고 해도 한 손으로 붙잡지 못한다. 우리는 "아닙니다. 도움을 받을 데가 없습니다. 그리스도 이외에는 희망이 없습니다"라고 말해야 한다. 손에 아무 것도 없기에 당연히 빈손으로 주님을 붙잡아야 한다. 그분에게 오늘 이렇게 기도해야 한다.

"주여, 야곱처럼 절뚝거리고 가난합니다. 어찌할 수 없어 당신에게 매달립니다. 당신이 축복하시기 전까지는 놓아드릴 수 없습니다."

누군가 "지나치게 낯 두꺼운 짓"이라고 말할 수 있다. 그렇지만 주님은 가난한 영혼들의 거룩한 대담함을 사랑하신다. 그분은 우리가 생각하는 것보다 더 대담하게 우리를 만드셨다. 십자가에 달리신 그리스도를 대담하게 신뢰하지 않는 것은 조금도 거룩하지 않은 부끄러움이다.

그리스도는 우리 같은 죄인을 구원하기 위해서 죽으셨다. 그분이 우리와 함께 전진하실 수 있도록 신뢰해야 한다. 어떤 사람은 "나는 전혀 자격이 없습니다"라고 말한다. 그리스도는 자격이 없는 사람을 찾아와서 구원하셨다. 그분은 스스로 의롭다고 생각하는 사람의 구세주가 아니다. 죄인의 구세주이고 죄인들의 친구가 그분의 이름이었다. 자격이 없는 사람이라면 그분을 붙잡아야 한다.

어떤 사람은 "그럴 권리가 없다"고 말한다. 권리가 없기 때문에 그렇게 해야 한다. 그것이 바로 우리가 바라는 요구의 전부이다. 누군가 "은총을 구하기에는 너무 늦었다"고 말하는 것을 들은 것 같다. 그럴 수 없다. 그것은 불가능하다. 우리가 살아 있고 자비를 희망하는 한 간구하기에 늦은 때는 없다.

빵 세 개를 구하던 사람의 비유에 주목해야 한다(눅 11:5-8). 그 부분을 읽을 때 떠오른 생각을 소개하고 싶다.

빵이 필요한 사내는 한밤중에 친구를 찾아갔다. 나중은 있을 수 없었다. 만일 한밤중을 조금 넘겨서 찾아갔더라면 이른 아침이었을 테고, 그러면 너무 일렀을 것이다. 때는 한밤중이었고 더 늦을 수 없었다. 이처럼 우리의 영혼이 한밤중 같은 상태라도 용기를 내야 한다. 예수님은 때를 가리지 않는 구세주이시

기도는 세계를 움직이는 팔을 움직임이다. 은혜를 구하려면 이런 방식으로 전능자의 사랑을 붙잡아야 한다. 우리는 더 확신하게 기도를 붙잡고 싶어 더 세게 끌어당기고 붙잡고 씨름하고 싶어 한다. 그것은 "나는 당신을 가게 하지 아니하겠나이다"(창 32:26)라는 뜻이다. 우리는 얍복 강가에 머물던 야곱의 모습을 충분히 따라갈 수 있다.

다. 그분의 종들은 "만삭되지 못하여 난"(고전 15:8) 사람들이었다.

예수님의 이름을 부르는 데 좋은 시간이 따로 있는 것은 아니다. 이미 늦었다고 생각하게 만드는 사탄의 유혹을 물리쳐야 한다. 지금 즉시 예수님에게 나아가야 한다. 담대한 믿음을 가지고 제단의 뿔을 붙잡고 말해야 한다.

"죄인을 위해 희생하시는 당신은 나를 위해 희생하십니다. 타락한 죄인을 위해 중보하시는 당신은 나를 위해 중보하십니다. 당신은 배반자에게 선물을 주시니 내게도 선물을 주옵소서."

우리가 아직 연약할 때 기약한 대로 그리스도께서 경건하지 않은 자를 위하여 죽으셨다(롬 5:6).

"주여, 내가 그런 사람입니다. 내 영혼의 구원을 위해 당신의 죽음이 지닌 능력이 내 안에 나타나게 하소서."

구원을 받은 우리는 그리스도를 사랑해야 한다. 하나님의 성도로서 이 마지막 주제를 실천해야 한다. 기도로써 하나님을 붙잡아야 한다.

"주는 나의 도움이시요 나를 건지시는 이시오니"

우리는 하나의 교회로서 전적으로 하나님을 의지해야 한다. 그분이 아니면 우리는 아무것도 할 수 없다. 그분 없으면 우리는 무가치한 존재이니 단단하게 붙잡고 "주는 나의 도움이시요 나를 건지시는 이시오니"라고 말해야 한다.

아테네에 사는 한 소년이 등장하는 옛이야기가 있다.

소년은 아테네 사람들이 모두 자기 밑에 있다고 자랑하곤 했다. 사람들이 어째서 그럴 수 있는지 묻자 대답했다.

"어머니는 나에게 꼼짝 못하고, 아버지는 어머니에게 꼼짝 못하고, 이 도시는 아버지에게 꼼짝 못하니 그런 겁니다."

기도에 정통하는 방법을 아는 사람이 그리스도의 마음을 지배한다. 그리스도는 자기 사람들을 위해서 무슨 일이든지 할 수 있고 또 그렇게 하실 것이다. 아버지가 그분의 손에 모든 것을 맡겨 주셨기 때문이다. 기도하는 법을 알면 하나님을 영화롭게 하는 일은 무엇이든지 할 수 있다. 말씀은 무엇이라고 할까? 이렇게 말한다.

"내 힘을 의지하고"(사 27:5)

기도는 세계를 움직이는 팔을 움직인다. 은혜를 구하려면 이런 방식으로 전능자의 사랑을 붙잡아야 한다. 우리는 더 확실하게 기도를 붙잡고 싶어 한다. 더 세게 끌어당기고 붙잡고 씨름하고 싶어 한다. 그것은 "나는 당신을 가게 하지 아니하겠나이다"(창 32:26)라는 뜻이다. 우리는 얍복강가에 머물던 야곱의 모습을 충분히 따라잡을 수 있다. 언약의 천사가 그곳에 있었고, 야곱은 그에게서 축복을 기대했다. 천사는 야곱을 떼어낼 생각이었지만 야곱은 양보할 수 없었다.

그러자 천사가 벗어나려고 온갖 노력을 다했지만 야곱은 결코 손을 놓지 않았다. 결국 천사는 힘의 근원이 되는 부분을 때려서 씨름을 끝낸다. 야곱은 상대에게 제대로 힘을 쓸 수 없었다. 그렇지만 놓아줄 생각은 없었다. 점점 힘을 잃어가고 있는 이 불쌍한 사내는 약했지만 여전히 강했다.

야곱은 정체를 알 수 없는 상대에게 팔을 뻗고 죽을힘을 다해서 움켜잡았다. 그러자 상대가 입을 열었다.

"날이 새려 하니 나로 가게 하라"(창 32:26)

야곱을 떨쳐내지 않고 그저 "나로 가게 하라"고 말했다는 것에 주목해야 한다. 천사는 야곱의 손아귀를 벗어나기 위해서 어떤 조처도 하지 않았고 그가 자유롭게 판단하게 했다. 야곱은 용감하게 말했다.

"나는 계속 붙잡을 것입니다. 기도 응답을 받아야 합니다. 축복하셔야 갈 수 있습니다."

그런데 교회가 기도를 시작하면 처음에는 예수님에게 "더 가려 하는 것 같이"(눅 24:28) 보일 때가 있고, 그래서 응답되지 않을까봐 두려워할 수 있다. 우리는 붙잡아야 한다. 무슨 일이 있더라도 견고하게 흔들리지 말아야 한다.

조만간 대단한 성공을 기대했다가 낙심할 수도 있다. 형제 가운데 훼방꾼을 만날 수 있다. 어떤 사람들은 전혀 움직일 생각

거장에게 배우는 기도의 비밀 179

을 하지 않고, 또 어떤 사람들은 죄를 범할 것이다. 타락하고 뉘우치지 않는 사람들이 넘쳐날 것이다. 그래도 그러면 안 된다. 더 간절해야 한다.

고민하거나 용기를 잃을 때가 잦아지고, 지금처럼 약해진 적이 없었다는 생각이 들더라도 걱정할 필요가 없다. 더욱 강하게 붙잡아야 한다. 힘이 빠지면 승리가 가깝다. 이전보다 더 단단하게 움켜잡아야 한다. 이렇게 결심해야 한다.

"내게 축복하지 않으시면 가게 하지 아니하겠나이다."

축복이 더딜 수록 더 풍성하게 임한다는 사실을 기억해야 한다. 한 번의 기도로 손쉽게 얻은 것은 진정한 축복이 아닐 때가 있다. 하지만 필사적인 노력과 엄청난 희생을 치르고 나서 얻은 축복은 풍성하고 소중하다. 자녀의 끈질긴 요구는 받아들여지기 마련이다.

최선을 다하는 기도가 가져다주는 축복보다 더 좋은 것은 없다. 계속해서 간구하면 우리 자신, 교회 그리고 세계에 골고루 미치는 축복을 누리게 될 것이다.

사람들이 열정적으로 기도할 수 있게 하는 능력이 내게 있으면 좋겠다. 하지만 그것은 참된 모든 간구를 가능하게 하시는 성령의 몫이다. 그분이 우리 안에서 힘차게 역사하시기를 기도한다.

6

환난 날에 주님을 부르라

환난 날에 나를 부르라 내가 너를 건지리니 네가 나를 영화롭게 하리로다 _ 시편 50:15

환난 날에 나를 부르라 내가 너를 건지리니 네가 나를
영화롭게 하리로다 _ 시편 50:15

내가 너를 건지리니

어려서 재미있게 읽은 책이 있다. 『로빈슨 크루소』는 훌륭했다. 스무 번을 읽었지만 단 한 번도 질리지 않았다. 지금도 즐겁게 읽을 수 있다고 자신 있게 말할 수 있다.

로빈슨과 충직한 친구 프라이데이는 허구적인 인물에 불과하지만 이야기를 읽은 사람들에게는 놀라울 정도로 현실적이다. 그렇다면 우리는 어째서 허구적인 작품을 거론해야 할까? 이것을 거론하는 게 잘못일까? 그렇지 않았으면 좋겠다.

시편을 묵상하다가 한 대목이 생생하게 떠올랐다. 참된 기도를 거론해야 할 더 큰 이유를 발견했다.

로빈슨 크루소가 타고 가던 배가 난파되었다. 무인도에 혼자 남겨진 그의 처지는 말할 수 없이 고통스러웠다. 잠자리에 들자 심한 열병이 시달렸다. 고열이 오래 지속되었지만 도움을 받을 수 없었다. 물 한 잔도 얻어 마실 수 없었다. 숨이 넘어가기 직전이었다.

그는 죄를 짓는 데 익숙했고 행실 나쁜 선원과 다르지 않았지만 힘겨운 상황에 처하자 생각이 깊어졌다. 상자에서 찾아낸 성경에서 우연히 이런 구절이 눈에 띄었다.

"환난 날에 나를 부르라 내가 너를 건지리니 네가 나를 영화롭게 하리라"

그날 밤 그는 처음으로 기도했고, 그 이후 하나님에 대한 소망을 품었다.

저자 대니얼 디포(Daniel Defoe)는 장로교 목사였다. 깊은 영성을 가지고 있지 않았지만, 절망에 처한 사람이 하나님에게 자신을 맡기고 평안을 얻은 경험을 생생하게 묘사할 만큼 믿음에 대해 잘 알고 있었다. 소설가인 그는 전개될 일을 예리하게 파악했고, 비참한 처지에 놓인 영혼을 감동시키는 데 이만한 구절이 없다고 생각했다. 그는 시편 50장 15절에 담겨 있는 풍성한 위로를 본능적으로 간파했다.

내가 이렇게 글을 쓰는 것은 여러분의 관심을 끌기 위해서다. 여기에는 또 다른 목적이 있다. 로빈슨 크루소가 실제 인물이 아니며, 프라이데이도 그렇겠지만 상당히 비슷한 유형의 사람들이 있다. 인생에서 난파당하고 오늘도 정처 없이 표류하는 외로운 사람이 있을 것이다. 좋았던 시절이 있었지만 지은 죄 때문에 모두에게 버림받았다. 그는 파도가 밀려드는 해안에서 친구 하나 없이 건강과 희망을 잃어버린 채 이 책을 읽는다. 사람들이 넘쳐나는 도시에서도 그의 친구는 없었다. 누구도 자신을 알고 있다고 말하지 않았다. 이제는 뼈만 앙상했으며, 가난과 불행과 죽음 이외에 아무것도 남아 있지 않았다.

주님은 우리에게 "환난 날에 나를 부르라 내가 너를 건지리니 네가 나를 영화롭게 하리라"고 말씀하신다. 나는 지금 하나님의 도움을 받아서 짐을 진 불쌍한 영혼에게 직접 글을 쓰는 것 같은 기분이 든다.

어렵지 않은 이들에게 위로가 무슨 소용이 있을까? 이번 장은 마음이 괴롭지 않은 이들에게는 별다른 도움이 되지 않거나 관심을 끌지 못할 것이다. 그렇지만 내 글이 아무리 부족하더라도 자비하신 하나님의 강력한 확신이 필요한 사람들은 기뻐서 춤을 출 것이다. 슬픈 사람들은 이 보석 같은 말씀이 빛을 발하는 확신을 누리게 될 것이다.

"환난 날에 나를 부르라 내가 너를 건지리니 네가 나를 영화롭게 하리로다"

하늘에 별로 수놓고 싶고, 모든 탑의 꼭대기에서 나팔을 불면서 선포하고 싶은 게 바로 본문의 구절이다. 인류가 알아야 하고 읽어야 할 내용이다. 그 구절을 통해 네 가지 주요 개념들을 확인할 수 있는데, 내가 설명하는 내용을 성령께서 축복하시기를 기도한다.

하나님 앞에 바로 서라

본문만이 아니라 맥락까지 관찰해 보면 하나님은 의식적인 것보다 참된 것을 좋아하신다는 것을 알 수 있다. 시편 전체를 묵상하면 주님이 이스라엘의 의식과 예전에 대해 말씀하시는 것을 확인할 수 있다. 주님은 마음이 떠나면 예배의 형식에 별다른 관심을 갖지 않는다는 것을 보여 주신다.

그것을 증명하는 몇 가지 핵심 구절이 여기에 있다.

"나는 네 제물 때문에 너를 책망하지는 아니하리니 네 번제가 항상 내 앞에 있음이로다 내가 네 집에서 수소나 네 우리에서 숫염소를 가져가지 아니하리니 이는 삼림의 짐승들과 뭇 산의 가축이 다 내 것이며 모든 새들도 내가 아는 것이며 들의 짐승도 내 것임이로다 내가 가령 주려도 네게 이르지 아니할 것은 세계와 거기에 충만한 것이 내 것임이로다 내가 수소의 고기를 먹으며 염소의 피를 마시겠느냐 감사로 하나님께 제사를 드리며 지존하신 이에게 네 서원을 갚으며 환난 날에 나를 부르라 내가 너를 건지리니 네가 나를 영화롭게 하리로다"(시 50:8-15)

이처럼 찬양과 기도는 유대인들이 주님 앞에 드린 그 어떤 형식의 제물보다 먼저 열납되었다. 어째서일까?

참된 기도에 의미가 있다

참된 기도는 의미가 있어서 생각 없이 치르는 의식보다 한결 낫다. 은혜가 없으면 의식에는 의미가 존재하지 않는다. 그것은 어리석은 사람의 놀이처럼 무의미하다.

로마에 있는 대성당에서 매일 드리는 미사, 특히 축일에 드리는 미사를 본 적이 있는가? 촛대를 나르는 사람들, 십자가를 나르는 사람들, 방석과 책을 나르는 사람들, 종을 울리는 사람들, 성수를 뿌리는 사람들, 머리를 조아리는 사람들, 그리고 무릎을 꿇는 사람들이 있다.

내게는 아주 생소하게 느껴진다. 특이하고 유치해 보인다. 누구는 그 장면을 지켜보고 어떤 사람들에게 도움이 될지 궁금해한다. 누구는 로마 가톨릭 신자들이 그런 의식을 통해 하나님을 기쁘게 할 수 있다고 확신하는 근거를 의심한다. 하나님의 영광스런 마음은 도대체 그것을 어떻게 생각할까?

영광스런 하나님은 겉치레와 구경거리에 무심하시다. 하지만 힘겨운 순간에 그분을 부르고 구원을 간구할 때 고통스런 신음 속에는 의미가 존재한다. 이것은 속이 빈 형식주의가 아니다.

그 안에 마음이 담겨 있다. 그렇지 않은가?

슬픈 간구 안에는 의미가 존재한다. 그러므로 하나님은 사제와 찬양대가 연출하는 더없이 세련된 예배보다 상한 심령의 기도를 좋아하신다.

참된 기도에 영적 생명이 있다

어째서 하나님은 의식적인 것보다 참된 것을 좋아하실까? 고통 받는 영혼의 부르짖음에 영적인 의미가 존재하기 때문이다.

"하나님은 영이시니 예배하는 자가 영과 진리로 예배할지니라"(요 4:24)

내가 학문이 높고 정통한 사람들이 만든 탁월한 신조를 반복한다고 가정해 보자. 내가 그것을 믿지 않는다면 그리고 여러분이 받아들이지 않는다면, 그것을 반복한다고 해서 무슨 소용이 있을까?

실제로 믿지 않는 이상 정통적인 신조라고 해서 영적일 수 없다. 알파벳을 반복하고는 그것을 기도라고 부르는 것과 같다. 사람이 불가능할 정도로 크게 "할렐루야!"를 외치더라도 마음이 따르지 않으면 거기에는 영적인 것이 존재하지 않을 뿐더러 하나님에게 전혀 의미가 없다.

그렇지만 불쌍한 영혼이 침실로 가서 무릎을 꿇고 "하나님이 자비를 베풀어 주소서! 하나님 나를 구원하소서! 하나님이 힘겨운 순간에 나를 도와주소서!"라고 기도하면, 그 간구에는 영적인 생명이 있다. 그래서 하나님은 기도를 인정하시고 응답하신다. 영적인 예배는 하나님이 기뻐하시고, 그분이 받지 않으시면 전혀 의미가 없다. 요한복음 4장 24절에는 "할지니라"는 표현이 등장한다.

"예배하는 자가 영과 진리로 예배할지니라"

하나님은 의식적인 율법을 폐지하시고 예루살렘의 제단을 허무시고 성전을 불태우시고 아론의 제사장직을 금지하시고 모든 형식적인 절차를 영원히 종식시키셨다. 하나님은 영과 진리로 예배하는 진정한 사람들만 찾으신다.

참된 기도는 하나님을 인정한다. 게다가 주님은 상한 영혼의 외침을 사랑하신다. 주님을 진정한 하나님으로 확실하게 인정하고 기도를 통해 진정으로 찾기 때문이다. 형식적인 경건에는 대부분 하나님을 찾을 수 없다. 그렇지만 현존하시는 하나님을 구별하지 못하고 가깝게 다가서지 않는 것은 그분을 모독하는 것이다!

마음과 뜻과 영혼이 스스로를 극복하고 하나님에게 나갈 때 하나님은 영광을 받으신다. 우리가 그저 형식적으로 예배하고 하나님의 존재를 잊을 때 영광을 받지 못하신다. 멸망하고 있지만 하나님만이 구원하실 수 있다고 생각하는 영혼에게 하나님은 정말 진실하시다!

그는 하나님이 존재하신다는 것을 진정으로 믿는다. 그렇지 않으면 간절하게 기도하지 않을 것이다. 과거에 기도할 때는 하나님이 들어주시는지의 여부가 중요하지 않았다. 하지만 지금은 순수한 마음으로 기도하고, 하나님이 들어주시는 게 일차적인 관심사가 되었다.

참된 기도는 절실하다

하나님은 힘겨운 시기에 부르짖는 것을 기뻐하신다. 절실하기 때문이다. 나는 기쁠 때나 일이 잘 풀릴 때 위선적으로 기도할까봐 두렵다. 우리들 대부분은 때리지 않으면 멈추는 팽이 같다. 확실히 우리는 어려움에 직면해야 간절하게 기도한다.

가난한 사람이 있다고 해 보자. 그는 직장을 잃었다. 신발이 닳을 정도로 일거리를 찾아다녔다. 자녀의 끼니를 마련할 길이 막막하다. 이런 상황에서 기도한다면 간절할 것이다. 문제가 진짜 심각하기 때문에 진실할 것이다.

어느 때는 아주 편하게 살아서 신앙을 장미 화단으로 간주하는 듯한 그리스도인들이 잠시 험난한 시기를 겪으면서 어려움을 맛볼 수 있기를 기대한 적이 있었다. 편안한 삶은 거짓과 위선이 무수히 자라나지만 실제적인 어려움이 밀어닥치면 이내 사라진다.

많은 사람이 배고픔, 고단함, 외로움 때문에 주님에게로 돌아서지만 부유해져서 주변에 쓸데없는 아첨꾼들이 모여들면 하나님을 조금도 생각하지 않는다.

배를 타고 큰 바다로 나간 사람들은 대개 빙산의 냉기나 배가 감당할 수 없는 파도 때문에 공포를 느끼는 순간에 기도하는 법을 배운다. 돛이 꺾이고 목재가 뒤틀리고 배가 난파될 것 같을 때 사람들은 간절하게 기도하기 시작한다.

하나님은 간절함을 사랑하신다. 우리가 간절할 때, 기도하면서 영혼이 녹아내릴 때, 우리가 "그게 아니면 망한다"고 고백할 때, 부끄럽지 않고 쓸데없는 행동이 아닐 때, 그러면서도 진정으로 가슴 아파하고 고통스럽게 부르짖을 때, 하나님은 응답하신다. 그래서 하나님은 "환난 날에 나를 부르라"고 말씀하셨다. 이런 부르짖음이 바로 그분이 관심을 나타내는 유형의 예배이다. 거기에는 절실함이 있고, 이것을 진리의 하나님이 받으신다.

참된 기도는 겸손하다

아울러 어려움을 겪는 영혼의 부르짖음에는 겸손이 있다. 우리는 어떤 멋진 교회에서 진행되는 의식의 순서에 맞추어서 아주 화려한 예배를 경험하거나, 아니면 소박한 우리의 예배에 참석하면서 스스로에게 "아주 훌륭해"라고 말할 수 있다. 설교자는 "설교를 잘하고 있잖아?"라고 생각할 수 있다. 기도 모임에 참석한 신자는 "정말 유창하게 기도했어!"라고 속으로 평가할 것이다. 우리가 그런 태도를 취할 때마다 하나님은 우리의 예배를 받으시지 않는다. 겸손하지 않으면 예배는 소용이 없다.

한편, 누군가 어려운 순간에 하나님을 찾으면서 "주여, 도와주소서! 어찌할 수 없으니 간섭해 주소서"라고 하면, 그 고백과 부르짖음에는 겸손이 존재한다. 따라서 주님은 그 기도를 기쁘게 받으신다.

참된 기도는 믿는다

주님은 참된 간구를 사랑하신다. 그 안에 커다란 믿음이 존재하기 때문이다. 어떤 사람이 "주여, 나를 구원하소서!"라고 외치는 순간 자신을 바라보지 않는다. 우리가 알다시피 자신의 삶에 절망해서 스스로를 멀리할 수밖에 없다. 그는 지상에서 희망이나 도움을 기대할 수 없다. 때문에 그는 하늘나라로 눈길을 돌린다.

하나님은 불신자에게까지 믿음의 희미한 그림자를 발견하고 싶어 하신다. 하나님은 흐릿한 믿음의 흔적까지 찾아낼 수 있고, 그 작은 믿음을 위해서 기도를 받아주실 수 있다.

지금 우리는 어떤 상태인가? 분노 때문에 마음이 찢어졌을까? 마음이 고통스러울까? 외로울까? 밀려났을까? 그렇다면 하나님에게 부르짖어야 한다. 누구도 우리를 도울 수 없다. 하나님이 우리의 유일한 소망, 놀라운 소망이 되어주신다. 그분에게 부르짖어야 한다. 우리를 도와주실 수 있기 때문이다.

그런 부르짖음은 하나님이 바라시는 순수하고 진실한 예배이다. 그분은 천천의 수양이나 만만의 강물 같은 기름보다는 진실한 간구를 좋아하신다(미 6:7).

우리는 성경에서 짐을 진 영혼의 신음이 지존자의 귀에는 무엇보다 달콤한 소리라는 것을 확실하게 확인할 수 있다. 애처로운 부르짖음이 그분에게는 찬송이 된다. 형식적인 기도는 아이의 장난에 불과하다. 그러니 가난하고 슬퍼하며 고통을 겪는 이들은 알아야 한다.

여러분의 영혼이 하나님의 보좌 앞에 가져갈 수 있는 무엇보다 소중한 제물은 의식적인 것이 아니다. 화려한 예배가 아니다. 절을 하고 애쓰는 게 아니다. 거룩한 말을 구사하는 게 아니다. 힘겨운 순간에 하나님에게 부르짖는 것이다.

역경의 유익을 누려라

성경의 본문을 살펴보자.

"환난 날에 나를 부르라 내가 너를 건지리니 네가 나를 영화롭게 하리로다"

역경이 유익으로 바뀌었다는 것이다. 이 얼마나 대단한 말씀인가! 하나님이 우리에게 그것을 확실하게 각인시켜 주시기를 기도한다.

조심스럽게 말하지만, 하나님은 어려움을 겪지 않는 사람은 구원하시지 않는다. 따라서 고통을 겪는 것은 다소 유익하기도 하다. 그 순간에 하나님이 여러분을 구원하실 수 있기 때문이다. 예수 그리스도는 인간을 치료하지만 아프지 않은 사람을 치료할 수 없다. 질병은 우리의 역경이 아니라 그리스도에게 치료받을 수 있는 유리한 기회가 된다. 역경이 하나님의 은총을 드러낼 수 있는 기회를 제공함으로써 우리에게 유익하다는 것을 입증하는지의 여부가 핵심이다.

레몬으로 시원한 레모네이드 만드는 법을 배우는 것은 유용

한데, 본문이 그 방법을 제시하고 있다. 본문은 문제가 어떻게 유리한 것으로 바뀔 수 있는지 보여 준다. 역경을 겪을 때 하나님을 부르면, 어려움을 몰랐다면 결코 알 수 없는 풍성하고 달콤한 구원을 경험할 수 있다. 실패를 통해서 이익을 얻고 역경으로부터 유익을 누리는 것은 일종의 기술이자 과학이다.

지금 이 글을 읽는 독자들 가운데 어려움을 겪는 사람이 있다고 가정해 보자. 무인도의 로빈슨 크루소가 하나 더 있는 셈이다. 독자 가운데 고난을 겪는 사람이 있다고 무조건 전제하는 것은 아니다. 그런 사람은 분명히 존재한다.

기도할 때 무엇을 근거로 기도해야 할지 알지 못하는가? 첫째, 여러분이 처한 바로 그 순간, 곧 "환난 날"이 근거가 될 수 있다. 이렇게 간구할 수 있다.

"주여, 지금이 환난 날입니다. 큰 고통을 겪고 있습니다. 긴급한 상황입니다."

계속해서 자신의 문제를 털어놓는다. 아내의 질병, 생명이 위급한 자녀, 파산한 사업, 건강의 악화, 직면한 경제적 어려움과 같은 것들이다. 자비하신 하나님에게 다음과 같이 간구해야 한다.

"나의 주여, 내가 환난의 날을 겪는 사람입니다. 나에게는 지금 당신에게 간구할 수 있는 자유와 권리가 있습니다. 당신이

'환난 날에 나를 부르라'라고 말씀하셨습니다. 바로 지금이 주여, 당신께서 간구하도록 정해 주신 순간입니다. 어둡고 폭풍이 밀어닥치고 있습니다. 당신의 말씀대로 기도할 수 있는 권리를 가진 사람이 있다면, 내가 그 사람입니다. 고통을 겪고 있기 때문입니다. 바로 이 순간에 당신에게 간구합니다. 당신에게 호소하오니, 이 한밤중에 부르짖는 종의 음성을 들어주소서."

더 나가서 하나님의 명령에 호소함으로써 역경을 유익으로 바꾸어야 한다. 지금 곧장 주님에게 나가서 이렇게 기도하라.

"주여, 내게 귀를 기울여 주소서. 당신의 말씀대로 기도합니다. 비록 내가 악하더라도 외면할 생각이었다면 누군가에게 내게 도움을 청하라고 말하지 않을 것입니다. 거절할 의도를 갖고 있었다면 그에게 도움을 구하라고 말하지 않았을 것입니다."

우리는 스스로를 부끄럽게 만들 수 있는 행동을 이따금씩 주님의 탓으로 돌릴 때가 있다는 것을 알고 있는가? 그럴 수 없다. 어려운 사람에게 이렇게 말했다고 해 보자.

"상황이 어렵군요. 내일 편지를 주시면 돕도록 하겠습니다."

그 사람이 편지를 보내왔다면 그것을 함부로 처리하지 못한다. 그 사람의 처지를 살펴야 한다. 그에게 편지하라고 했을 때 이미 도울 수 있다면 돕겠다는 뜻을 비친 것이다. 하나님이 자신을 부르라고 말씀하면 그분은 우리를 조롱하시지 않는다. 우리에게 다정하게 대할 생각이시다.

나는 여러분이 누군지 모르지만 주님에게 부르짖을 수 있다. 주님이 그렇게 하도록 명령했기 때문이다. 여러분이 그분에게 부르짖는다면 이런 주장을 내용에 포함시켜 기도할 수 있다.

"주여, 당신은 내게 당신의 얼굴을 찾으라고 명령하셨는데, 내가 헛되이 구한 것일까요? 그렇다면 주권자의 자비한 귀는 내가 불평할 때 들리지 않나요?"

때를 따라 간구하고, 고통을 알리고, 명령에 따라서 간구하라. 그러고 나서 하나님의 성품에 맞게 간구하라. 경외하면서 신뢰하면서 간구하라.

"주여, 당신에게 호소합니다. 당신은 '나를 부르라'고 말씀했습니다. 이웃이 그렇게 하라고 말했다면 마음이 변해서 듣지 않을까봐 두려웠을 것입니다. 그러나 당신은 너무 위대하고 너무 선해서 변할 수 없습니다. 주여, 당신의 진리와 신실함, 당신의 변치 않음과 사랑에 의지해서 이 어리석은 죄인이 마음이 상하고 부서진 채 환난의 날에 당신을 부릅니다! 나를 도와주소서. 지금 곧 나를 도와주소서. 그렇지 않으면 죽겠습니다!"

분명히 어려움을 겪으면 자주 강력하게 간구하게 된다. 우리는 언약의 하나님과 함께 견고한 터전 위에 있어서 용감하게 축복을 붙잡을 수 있다. 성경 본문은 내가 아니라 어려움을 겪는 여러분을 격려하는 것 같은 기분이 든다.

지금 나는 기쁨과 안식이 충만한 것에 대해서 하나님에게 감사하지만, 내 자신을 위해 약간의 어려움이라도 있는지 확인하고 싶은 심정이다. 어려움에 처해 있다면 입을 열고 성경 본문을 마실 것이다. "환난 날에 나를 부르라 내가 너를 건지리니 네가 나를 영화롭게 하리로다"라는 언약의 능력으로 다윗이나 엘리야처럼 기도할 것이다.

어려움을 겪고 있다면 이 언약을 듣고 환호해야 한다. 믿어야 한다. 영혼에 흘러들어가게 해야 한다.

"여호와께서는 갇힌 자들에게 자유를 주시는도다"(시 146:7)

그분은 우리를 풀어 주려고 찾아오셨다. 비단 옷을 걸친 주님을 그려 본다. 그분의 모습은 천국처럼 즐겁고 얼굴은 구름 한 점 없는 아침처럼 밝다. 손에는 은제 열쇠를 쥐고 있다. 내가 묻자 그분이 대답하신다.

"주여, 은 열쇠를 들고 어디로 가십니까?"

"사로잡힌 이들의 갇힌 문을 열어 모두 풀어 주러 간다."

복되신 주여, 당신의 사역을 수행하시되 갇힌 자들의 소망을 외면하지 마소서! 한 순간도 당신을 방해하지 아니하오니 애통하는 이들을 잊지 마소서! 이 글을 읽는 이들의 마음을 낱낱이 방문하셔서 절망에 사로잡힌 이들을 풀어 주소서. 당신에게 부르짖고 나서 환난 날에 당신에게 구원받은 이들이 즐거워서 노래를 부르게 하소서. 자비하신 구원 때문에 그들이 주님에게 영광을 돌리게 하소서.

약속하신 대로 행하신다

시편 50장 15절에서 우리의 세 번째 주제인 하나님의 약속을 제대로 확인할 수 있다. 우리에게 약속된 자유로운 은총이 여기에 있다.

하늘이나 땅에서나 은총보다 더 자유로운 것은 없다. 우리의 놀라운 성경 본문을 보면, 하나님의 은총이 약속이나 언약으로 제시되어 있다. 우리를 구원하겠다는 하나님의 확고한 언약에 귀를 기울여야 한다.

"환난 날에 나를 부르라 내가 너를 건지리니"

누군가 "내가 처리할 것이다"라고 말했다면 그 사람과의 약속을 하나로 간주한다. 그는 자신이 한 말의 지배를 받게 된 것이다. 그가 진실한 인물이고 또 솔직하게 "내가 처리할 것이다"라고 말했다면 약속을 지킬 수밖에 없다. 약속을 하기 전까지는 자유로웠지만 약속 이후로는 그럴 수 없다. 그는 어떤 입장을 자청했기 때문에 약속을 지켜야 한다. 그것이 옳지 않은가?

무엇보다 조심스럽게 주님에 관해서 설명하면 이렇다. 성경 본문에 따르면, 그분은 끊을 수 없는 줄로 자신을 묶었다. 이제 "환난 날에" 자신을 부르는 이들에게 귀를 기울이고 도와주어야 한다. 그분이 엄숙하게 약속하셨으니 완벽하게 이행하실 것이다.

우리의 본문이 조건 없이 누구에게나 적용된다는 것에 주목해야 한다. 거기에는 나중에 살펴보게 될 또 다른 약속, 곧 "누구든지 주의 이름을 부르는 자는 구원을 받으리라"(롬 10:13)는 말씀의 핵심이 담겨 있다.

시편 50편 15절이 하나님을 조롱하는 사람들에게 주어졌다는 것은 놀라운 일이다. 그들은 진정한 마음과 무관하게 자신들의 제물을 바쳤다. 하지만 주님은 그들 모두에게 말씀하셨다.

"환난 날에 나를 부르라 내가 너를 건지리니"

나는 이것을 통해서 하나님이 모두에게 약속하셨다는 결론을 얻었다. 무신론자, 신성모독자, 부도덕하거나 부정한 자가 지금 주님을 부르면 환난 날에 하나님에게 구원을 받을 수 있다. 와서 그분을 시험해 보라!

"하나님이 존재한다면"이라고 말하는가? 하나님은 존재하신다고 단언할 수 있다. 그분을 시험하고 확인해 보라. 주님은 말씀한다.

"환난 날에 나를 부르라 내가 너를 건지리니"

지금 그분을 시험하고 사실인지 확인해야 하지 않을까? 사로잡힌 자들은 와서 주님이 자유롭게 하시는지 확인해 보라. 수고하고 무거운 짐 진 자들은 그리스도에게 오라. 그러면 쉬게 하실 것이다(마 11:28). 세상적인 것이든, 영적인 것이든 간에 주님에게 간구하되 특히 영적인 문제 때문에 환난 날에 주님을 부르면 구원을 받게 될 것이다.

아울러서 "내가 건지리니"라는 표현은, 구원에 필요한 모든 것이 포함되어 있음에 주목해야 한다.

"환난 날에 나를 부르라 내가 너를 건지리니"

누군가는 "이것이 어떻게 가능한가?"라고 물을 수 있다. 그것에 대해서는 말할 수 없고 또 설명할 필요를 느끼지 않는다.

우리를 구원할 수 있는 적당한 방법과 수단을 찾아내는 것은 주님 몫이다. 하나님은 "내가 건지리니"라고 말씀하신다. 그분이 나름의 방법을 사용하실 수 있게 해야 한다. 주님이 "내가 건지리니"라고 말씀하시면 약속을 지키신다고 확신할 수 있다. 하늘과 땅을 흔들어야 할 상황이라면 그렇게 하실 것이다. 주님은 능력이 있고 정직하시다. 정직한 사람은 어떤 값을 치러도 약속을 지킨다(시 15:4 볼 것). 우리의 신실한 하나님 역시 그렇다. "내가 너희를 건지리니"라는 주님의 말씀을 들으면 더 이상 의심하면 안 된다.

다니엘은 하나님이 사자 굴에서 어떻게 구원하실지 몰랐을 것이다. 요셉이 주인의 부인 때문에 인격적으로 심각하게 모독을 당했을 때 감옥에서 어떻게 구원받을지 몰랐을 것이다. 이 옛날 신자들은 주님이 구원하시는 방법을 꿈속에서도 알지 못했을 것이다. 그들은 스스로를 하나님의 손에 맡겼다. 하나님을 의지하니 그분은 가장 적절한 방법으로 구원하셨다. 주님은 우리 역시 동일하게 대할 것이다. 그저 그분을 부르고 "가만히 서서 여호와께서 행하시는 구원을 보게 될" 것이다(출 14:13).

성경 본문이 하나님이 구원하시는 순간을 구체적으로 언급하지 않은 것에 주목해야 한다. "내가 너희를 건지리니"라는 말씀만으로 충분하지만 그때가 내일인지, 다음 주인지, 아니면 내년이 될지 그리 분명하지 않다. 우리는 몹시 다급하더라도 주님은 그렇지 않다. 의도했던 대로 시련이 제값을 다하지 못하면 더 오래 지속될 수밖에 없다. 도가니 불에 들어간 금이 장인에게 꺼내 달라고 아우성을 친다고 가정해 보자. 그러면 장인은 이렇게 말할 것이다.

"불순물 때문에 그렇게 할 수 없다. 정련이 될 때까지 불 속에서 기다려야 한다."

마찬가지로 하나님은 우리에게 많은 시련과 어려움을 허락하실 수 있다. 그럼에도 불구하고 그분이 "내가 너를 건지리니"라고 하시면 약속이 지켜질 것이라고 확신해야 한다. 하나님에게서 "내가 건지리니"라는 말씀을 듣게 되면 언제든지 믿음으로 그것을 받아들일 수 있다.

미래에 대한 하나님의 약속은 그것을 활용할 수 있는 믿음만 있다면 현재를 위한 진정한 선물이 될 수 있다. "환난 날에 나를 부르라 내가 너를 건지리니"라는 말씀은 이미 구원을 받은 것과 다를 바 없다.

"지금이 아니면 지금보다 더 좋은 때에 구원할 것이다. 너희가 나처럼 지혜롭다면 지금보다 미래의 순간에 구원받는 것을 반길 것이다."

하나님이 주신 구원의 약속에는 신속함이 포함되어 있다. 늦은 구원은 진정한 구원이 아니다. 누군가는 이렇게 말한다.

"나는 심각한 문제를 겪고 있어서 즉시 구원받지 못하면 슬퍼서 죽을 것이다."

단언하지만 절망 때문에 죽는 일은 없다. 그렇게 숨이 넘어가기 전에 구원을 받게 될 것이다. 하나님은 가장 좋은 순간에 구원해 주신다.

항상 주님은 시간을 어기는 법이 없다. 그분은 기다리게 하신 적이 없다. 우리가 그분을 계속해서 기다리게 한 게 한두 번이 아니었지만, 그분은 정확한 순간에 역사하신다. 주님은 종들이 자신이 정한 시간, 즉 적절하고, 지혜롭고, 어울리는 순간을 조금이라도 넘기면서까지 기다리게 하신 적이 없다.

"내가 너를 건지리니"라는 말씀에는 소망이 지연되어 실망하는 일이 없도록 오래 끌지 않는다는 의미가 담겨 있다. 주님은 자신을 찾는 이들을 구원하려고 임할 때는 바람의 날개를 타고 오신다. 그러니 용기를 내야 한다.

이것은 복된 말씀이다. 그렇지만 안타깝게 그것을 필요로 하는 여러분에게 전할 길이 없다. 살아계신 하나님의 영이 찾아오셔서 괴로워서 생명을 포기하려는 이들에게 이런 놀라운 위로를 허락해 주시기를 기도한다.

성경의 본문을 다시 한 번 읽어보자. 이번에는 '내가'와 '너를'이라는 표현에 각별히 유의해야 한다.

"환난 날에 나를 부르라 내가 너를 건지리니"

두 개의 낱말들이 서로 얽혀 있다.

"내가 너를 건지리니"

사람도 천사도 할 수 없지만 하나님은 하실 수 있다. 하나님은 자신을 부르는 사람을 구원하신다. 우리가 할 일은 부르짖는 것이고 응답은 하나님의 몫이다. 기도가 응답되는지 확인하려고 하는가? 그런데 어째서 하나님에게 기도하지 않는가? 기도했다면 하나님이 약속을 지키시도록 맡겨 두어야 한다. 하나님은 말씀하신다.

"나를 부르라 내가 너를 건지리니"

"내가 너를 건지리니"라는 말씀에서 '너를'이라는 낱말만 따로 놓고 생각해 보자. 여러분이 무슨 생각을 하고 있는지 짐작이 간다. 여러분은 이렇게 불만을 털어놓을 것이다.

"하나님이 누구든지 구원하실 테지만, 나는 아니야."

그럼에도 불구하고 본문은 말한다.

"내가 너를 건지리니"

부르짖어야 응답을 받는다. 하나님을 불러야 그분이 응답하신다. 하나님은 여러분에게, 심지어 마음과 영혼에 여러분이 겪은 일까지 축복하신다. 자신을 말씀의 대상으로 간주하고 그것을 삶에 적용하면 얼마나 은혜로울까! 두 눈으로 지켜보듯이 약속을 확신하면 얼마나 은혜로울까!

사도는 이렇게 기록했다.

"믿음으로 모든 세계가 하나님의 말씀으로 지어진 줄을 우리가 아나니"(히 11:3)

하나님이 세상을 창조하셨음을 나는 확실히 믿는다. 조금도 의심하지 않는다. 그렇지만 창조의 과정을 지켜본 적이 없다. 하나님이 "빛이 있으라"(창 1:3)고 말씀하시자 그대로 이루어지는 장면을 보지 못했다. 그분이 빛과 어둠을 나누고(4절) 뭍이 드러나도록 물을 한곳에 모으는 것(9절)을 못 보았다. 하지만 나는 그분이 이 모든 것을 행하셨다고 확신한다. 하나님이 새나 꽃을 만드는 것을 보지 못했지만 그 어떤 진화론자도 하나님이 세상을 창조하셨다는 나의 확신을 어쩔 수 없을 것이다.

환난의 날에 기도에 응답하시는 하나님에 관해 동일한 수준의 믿음을 소유하면 안 될까? 하나님이 어떻게 구원하시는지 볼 수 없다면, 어떻게 그것을 바랄 수 있을까? 하나님은 내가 존재하지 않는지 사정을 모르더라도 세상을 창조하셨고, 관여하지 않더라도 나를 구원하신다. 하나님이 어떻게 일하시는지 지켜보는 것은 내가 할 일이 아니다. 내가 맡은 일은 하나님을 신뢰하고 약속하신 대로 행하실 것이라고 믿음으로써 영광을 돌리는 것이다(롬 4:21).

하나님께 합당한 영광을 돌려라

우리는 반드시 기억해야 할 주제 가운데 세 가지를 이미 살펴보았고, 이제 네 번째 것을 남아 있다. 그것은 하나님과 기도하는 사람이 다음과 같이 각자 역할을 담당해야 한다는 것이다. 이것은 다루기 쉽지 않은 주제이지만 관심을 갖고 주목해야 한다.

첫째, 우리가 담당해야 할 부분은 "환난 날에 나를 부르라"는 것이다. 계속해서 하나님은 "내가 너를 건지리니"라는 부분을 담당하신다. 아울러 구원받고 그것 때문에 하나님을 찬양하는 과정에서 우리가 맡아야 할 또 다른 부분이 있다. 즉, 하나님을 영화롭게 하는 것이다.

그러면 주님은 영광을 받는 과정에서 마지막 역할을 감당하신다. 이것이 바로 기도하고 도움을 받는 이들과 하나님이 맺는 합의, 즉 계약이다.

하나님은 말씀한다.

"네가 구원을 받으면 내가 영화롭게 될 것이다. 네가 기도하면 너를 축복하고, 그러면 나의 거룩한 이름이 존경을 받게 될 것이다."

이것이 바로 즐거운 동역 관계이다. 우리는 필요한 것을 얻고, 그 대신에 하나님은 자신의 이름에 합당한 영광을 요구하신다. 어려움을 겪는 이들은 하나님의 요구를 물리치면 안 된다.

"죄인들아, 너희를 용서하겠지만 너희는 그에 합당한 영광을 돌려주어야 한다."

주님은 말씀하신다. 우리의 유일한 대답은 이렇다.

"주여, 영원토록 그러겠습니다."

누가 하나님처럼 용서하실까? 또 누가 그렇게 자비를 풍성하고 값없이 베푸실까?

"오라, 영혼들아. 내가 너희를 의롭게 하겠다. 하지만 너희는 그에 합당한 영광을 내게 돌려야 한다."

주님이 말씀한다. 그리고 우리는 이렇게 대답한다.

"그런즉 자랑할 데가 어디냐 있을 수가 없느니라 무슨 법으로냐 행위로냐 아니라 오직 믿음의 법으로니라"(롬 3:27)

우리가 그리스도 덕분에 의롭게 되었다면 하나님에게 영광을 돌리는 것은 당연한 일이다.

"오라, 내가 너희를 자녀로 삼겠다. 하지만 너희는 그에 합당한 모든 영광을 돌려야 한다."

주님이 말씀한다. 그러면 우리는 이렇게 대답한다.

"예, 그렇게 하겠습니다. '보라 아버지께서 어떠한 사랑을 우리에게 베푸사 하나님의 자녀라 일컬음을 받게 하셨는가 우리가 그러하도다'"(요일 3:1).

주님이 말씀한다.

"내가 너희를 성별해서 거룩하게 만들겠다. 하지만 너희는 그에 합당한 영광을 내게 돌려야 한다."

그러면 우리는 이렇게 대답한다.

"예, 영원히 이렇게 찬송하겠습니다. 저희가 어린양의 피에 그 옷을 씻어 희게 하였나이다. 그러므로 그들이 하나님의 보좌 앞에 있고 또 그의 성전에서 밤낮 하나님을 섬기며 찬양을 부르나이다."(계 7:14, 15).

주님이 말씀한다.

"나는 너희에게 천국의 집으로 데려가고, 죄와 죽음과 지옥에서 구원하겠다. 하지만 너희는 그에 합당한 영광을 내게 돌려야 한다."

그러면 우리는 이렇게 대답한다.

"진정으로 당신은 위대하십니다. 영원히 찬양하겠습니다. 보좌에 앉으신 이와 어린양에게 찬송과 존귀와 영광과 권능을 세세토록 돌릴지어다."(계 5:13)

더할 수 없는 고통을 겪고 있다면 하나님에게 나오라. 하나님은 우리 때문에 영광을 받고 싶어 하신다. 슬퍼하는 이들이 우리의 행복한 경험을 듣고서 위로를 받을 날이 곧 찾아올 것이다. 버림받았던 우리가 버림받은 이들에게 복음을 전할 날이 곧 찾아올 것이다.

도둑질한 자여, 발길을 멈추라. 지금 어디로 가고 있는가? 하나님의 영광을 가로채고 도망치려는가? 하나님의 영광을 가로채는 사람은 악한 존재이다. 얼마 전까지 알코올 중독자였다가 치유된 사람을 예로 들어 보자. 하나님이 그를 사랑해서 정상으로 회복시키셨지만, 공을 가로채고 술을 끊은 것을 당연한 것처럼 자랑하고 다녔다. 이보다 어리석은 사람은 있을 수 없다.

멋지게 차려 입은 사람이여, 발길을 멈추어라. 타락한 악으로부터 구원하신 하나님에게 영광을 돌려야 한다. 감사하지 않으면 타락을 벗어나지 못한 것이다.

다른 사람을 예로 들어 보자. 그는 과거에 거친 말을 일삼았지만 지금은 기도에 힘쓴다. 그는 전날 밤에 설교, 아니 보다 정확히 말하자면 개인적인 간증을 했다. 그는 공작새처럼 자랑을 늘어놓았다. 공작새 같은 사람이여, 멋진 깃털을 볼 때마다 검은 발과 끔찍한 울음소리를 기억하라. 회개한 죄인이여, 옛 성품을 기억하고 부끄러워하라. 더 이상 속된 말을 하지 않는다면 하나님에게 영광을 돌려야 한다. 구원받은 것에 관해서 낱낱이 하나님에게 영광을 돌려야 한다.

"내가 너를 건지리니"

이게 바로 우리가 누릴 수 있는 몫이다. 하지만 "네가 나를 영화롭게 하리로다"는 하나님의 몫이고, 마땅히 그래야 한다. 처음부터 끝까지 그분이 모든 영광을 받으셔야 한다.

구원받은 이들아, 나가서 주님이 자신을 위해 행하신 일을 선포하라. 언젠가 나이 지긋한 여성에게서 주 예수 그리스도가 진정으로 구원하시면 쉬지 않고 찬양할 것이라는 말을 들은 적이 있다. 그녀와 같은 결심을 해야 한다. 나를 구원하신 주님을 숨이 끊길 때까지 찬양할 것을 약속한다.

> 살아도, 그리고 죽어도 주님을 찬양합니다.
> 숨이 붙어 있는 동안에 주님을 찬양합니다.
> 죽음의 찬 이슬이 눈썹에 맺힐 때 말하겠습니다.
> "나의 예수님, 평생에 주님을 가장 사랑한 때가 바로 지금입니다."

더할 수 없는 고통을 겪고 있다면 하나님에게 나오라. 하나님은 우리 때문에 영광을 받고 싶어 하신다. 슬퍼하는 이들이 우리의 행복한 경험을 듣고 위로받을 날이 곧 찾아올 것이다. 버림받았던 우리가 버림받은 이들에게 복음을 전할 날이 곧 찾아올 것이다. 불쌍한 타락한 여인처럼 지금 우리가 울고 서 있는 주님의 발로 다른 죄인들을 인도할 날이 곧 찾아올 것이다. 닳고 닳아서 악마와 사탄과 세상이 포기한 이들이 어린양의 피로 씻김을 받아서 마음이 새로워지고 "사랑하시는 자 안에서 우리에게 거저 주시는"(엡 1:6) 하나님의 은혜의 영광을 찬송하도록 하늘의 별처럼 빛나게 될 날이 곧 찾아올 것이다.

낙심했다면 예수님에게 나오라. 그분에게 부르짖어야 한다. 확신을 갖고 하나님 아버지에게 부르짖어야 한다. 신음 밖에 나오지 않으면 하나님에게 신음을 내라. 눈물을 흘리고 한숨을 쉬고 속으로 이렇게 기도하라.

"하나님, 그리스도로 말미암아 나를 구원하소서. 죄와 죄의 삯에서 나를 구원하소서."

주님은 분명히 귀를 기울이고 이렇게 말씀할 것이다.

"네 죄가 사함을 받았느니라. 평안하라."

오늘 우리에게도 이런 일이 이루어지기를 기도한다.

바라보라 해서 보았더니

나는 1834년 6월, 영국 남부에서 목사의 아들로 태어났다. 12대째 평온하고 독실한 청교도 가정이었고 할아버지 제임스와 아버지 존은 청교도 목사였다.

어린 시절부터 나의 일상은 청교도적인 생활 습관으로 배어 있었다. 부모님으로부터 늘 복음에 대해 들어왔으며, 예수 그리스도 안에 있는 믿음으로 말미암아 구원에 이르는 진리에 대한 것이었다. 특히 어렸을 때부터 『천로역정(Pilgrim's Progress)』을 거듭 읽게 되었는데 아마 내 생애에 100번은 족히 읽었을 것이다. 그 책의 표지에 있는 목판 그림을 지금도 기억하고 있다. 등에 무거운 짐을 지고 있는 크리스찬의 모습이었는데 대단히 인상적이었다.

1848년 14세 때 메이드스톤(maidstone)에 있는 올세인즈 농업

학교(All Saint's Agricultural College)에 진학하여 몇 달을 보냈다. 그 후 1949년, 뉴마켓(Newmarket)의 침례교 학교에서 공부하면서 시간 강사로도 일했다. 그 무렵부터 수년간 신학서적을 12,000권이나 소장하게 되었는데, 이는 매우 훌륭한 학자들이나 모을 수 있는 분량이었다.

이 시기에 내 생애를 뒤바꾸는 구원받는 역사가 일어난다.

나는 성실했다. 아마 나의 삶을 지켜본 사람이라면 인간적으로나 도덕적으로, 어떠한 죄도 발견하지 못했을 것이다. 불성실하거나 부정직하거나 참담한 말을 하지 않았으며 여느 사람들과는 다른 삶을 살려고 노력했다.

그러나 너무 힘든 죄의 짐을 지고 있음을 알게 되었다. 끝없는 율법의 요구로 죄의식은 깊어갔고 힘들어서 울부짖기도 했다. 한때 하나님의 선민이라는 특권이 있다고 믿었다. 하나님의 자녀이며 특권을 가졌다고 확신하려고 했으나 헛수고였다. 그 특권은 내 것이 될 수 없었다. 나는 기독교 가정에서 태어났고 아버지가 목사였으나 그때까지 복음의 단순성을 깨닫지 못하고 있었다.

너무 답답했던 나는 콜체스터(Colchester)의 모든 교회들을 두루 다녔으나 그 많은 목회자들 중 누구도 나를 도와주지 못했다. "주 예수를 믿으라 그리하면 너와 네 집이 구원을 얻으리라"는 말씀을 수없이 들었지만, 여전히 주 예수를 믿는다는 것이 무엇인지 몰랐다. 한 설교자는 율법에 대해 설교했는데, 율법을 잘 지켜야 한다는 내용만 강조함으로써 자신도 실천할 수 없는 고통의 멍에를 더하고 있었다. 청교도 서적도 아무 소용이 없었다. "예수님께서 나(우리)의 죄 때문에 십자가에 못 박히셨다"는 사실을 이해할 수가 없었다.

춥고 눈 오는 1850년 1월 6일 아침이었다. 차갑게 얼어붙은 마음으로 걷고 있었다. 목적지까지 가려면 아직 더 가야 하는데 눈보라가 몰아쳤다. 피할 곳을 찾다가 그동안 미처 알지 못했던 작은 교회를 만났다. 알티머리 스트리트 초대감리교회(Primitive Methodist Chapel)였다.

그날 눈보라가 나의 갈 길을 막지 않았더라면 지금까지 헤매고 있을지도 모른다. 감리교회의 찬송소리는 매우 컸다. 나는 감리교도들은 머리가 아플 정도로 크게 찬송한다는 소리를 소문으로 알고 있었다.

그런데 키가 크고 마른 한 구두수선공이 눈보라 때문에 목사님께서 늦으시는 것 같다면서 앞으로 나가서 말씀을 전했다. 그는 성경 본문을 읽기 시작했다. 이사야 45장 22절이었다.

"땅의 모든 끝이여 내게로 돌이켜 구원을 받으라 나는 하나님이라 다른 이가 없느니라"

그의 말은 힘이 있었고, 무언가 내 문제를 해결해 줄 것만 같았다. 어느덧 그의 말 속으로 빨려 들어가고 있었다.

"여러분, 보는 것은 고통이 따르지 않습니다. 손과 발을 움직일 필요가 없습니다. 단지 바라보기만 하면 됩니다. 사람들은 대개 자기 자신을 바라봅니다. 그리고 하나님을 의지하려 합니다. 그러나 의지하는 것은 나중의 일입니다. 지금 이 순간, 지금 현재 주 예수님께서는 '나를 바라보라'고 하십니다! '나를 바라보라. 내가 수많은 핏방울을 흘리고 있노라. 나를 바라보라. 나는 십자가에 매달려 있노라. 나를 바라보라. 나는 죽었고 묻혔노라. 나를 바라보라. 나는 다시 일어났노라. 나를 바라보라. 나를 하늘로 들리움을 받았노라. 나를 바라보라. 나는 아버지의 오른편에 앉아 있노라. 오! 불쌍한 죄인이여, 나를 바라보라! 나를 바라보라!"

이렇게 외치고 나서 그 설교자는 나를 향해 말했다.

"젊은이여, 매우 비참해 보입니다. 예수 그리스도를 바라보십시오! 바라보십시오! 바라보십시오! 바라보십시오! 당신이 할 일은 바라보며 사는 것뿐입니다!"

바로 그 순간에 나는 구원받는 법을 보았으며, 내가 구원받았음을 확신하였다. 그 자리에서 뛰쳐나가고 싶었다.

"나는 용서를 받았습니다! 나는 용서를 받았습니다! 한량없는 은총이여! 죄인이 주님의 피로 구원을 받았습니다! 어둠은 물러갔고 태양을 본 것입니다. 내 영혼의 쇠사슬이 끊기는 것을 보았습니다. 나는 느꼈습니다. 앉은 자리에서 봄이 온 듯 포근함을 느꼈고, 영혼이 자유로워진 것입니다. 나는 천국의 상속자이며 용서받은 자, 예수 그리스도의 부르심을 받은 자입니다. 더러운 진흙과 끔찍한 지옥으로부터 건져 올림을 받았고 나의 발은 단단한 바위 위에 서 있으며 나의 앞길도 탄탄히 다져졌다는 것을 알았습니다!"

  1850년 1월 6일은 내게 완전한 구원의 날이었다. 한 순간 비밀의 문이 열리고, 성경이 말하고자 하는 것을 모두 이해할 수 있게 되었다. 나의 삶이 빛 가운데에 첫 발을 내딛는 순간이었다.

먼저 기도 훈련을 하라

찰스 스펄전 (Charles Haddon Spurgeon, 1834-1892)은 1834년 6월 19일 영국 남부 쳄스포트(Chelmsford)와 콜체스터 사이 에섹스(Essex)주 켈베돈(Kelvedon)이라는 시골에서 태어났다. 17남매 중 첫 아들이었다.

아버지 존 스펄전(John Spurgeon)은 평일에는 석탄 가게 서기로 일했고, 주일에는 콜체스터 근방 톨스버리(Tollesbury)에 있는 독립교회(Independent congregation) 목사였다. 그의 어머니는 자주 무릎을 꿇고 스펄전을 품에 안은 채 찬양을 자장가로 불렀으며 "아들이 주님을 위해 살게 해 주십시오"라고 기도했다.

생후 14개월 쯤 아장아장 걸을 무렵에, 그는 부모와 떨어져 할아버지(James Spurgeon) 댁에서 5년 동안 살았다. 할아버지 역시 목사였고 스탬본(Stambourne)의 독립교회에서 54년간 주님을 섬

찰스 H. 스펄전

졌다.

일곱 살에 콜체스터에 있는 루이스 학교(Mr. Lewis's school)에서 공부한 스펄전이 10살 되던 어느 날(1844), 스펄전의 집에 묵게 된 런던 선교회 소속 리차드 닐(Richard Knill) 목사는 어린 스펄전을 위해 기도하게 된다. 새벽에 스펄전을 깨워 정원의 나무의자에 앉히고는 장차 주의 말씀을 전하는 일꾼이 되게 해 달라고 기도한다. 사흘 동안이나 그의 새벽기도는 계속되었다. 그리고 닐 목사는 가족들 앞에서 선포한다.

"이 아이는 복음을 전할 것입니다. 수많은 군중에게 말입니다. 내가 사역하고 있는 로우랜드(Rowland) 교회에서 설교하게 될 것입니다."

이어서 닐은 찬송가 '하나님의 신비하심으로 기적을 이루시네'를 스펄전에게 가르쳐 주었다.

어린 스펄전의 기억 속에는 장차 자신이 목사가 되어 대집회를 인도하게 될 것이라는 닐 목사의 말을 잊을 수 없었다. 물론 목사였던 할아버지와 나중에 목회의 길을 걸었던 아버지의 영향도 있었지만 닐 목사의 영향이 컸을 것이다. 그로부터 10년 후 닐 목사의 예언대로 스펄전은 로우랜드 교회의 대집회를 인도하게 된다.

스펄전은 할아버지 댁에 머무는 동안 다락방에서 존 버니언(John Bunyan)의 『천로역정』과 존 폭스(John Foxe)의 『순교사』를 읽을 수 있었다. 그 이후 부모과 함께 살게 되었지만 방학 때마다 할아버지 댁에서 존 오웬(John Owen)이나 리차드 십스(Richard Sibbes), 존 플라벨(John Flavel) 같은 청교도 거장들의 책에 심취하였다. 할아버지는 그에게 두 가지를 하도록 했는데, 아이작 왓츠(Isaac Watts)의 찬송시들을 암송하는 것과, 쥐 잡는 일이었다.

스펄전이 15살이 되던 해 어느 주일 아침, 눈보라를 피하느라고 작은 감리교 예배당을 찾아가게 된다. 그날 주일 예배의 성경 본문은 이사야 45장 22절이었고, 설교자가 구두수선공이었다고 하나 정확하게 누군지 전해지지 않는다.

그런데 그 시간에 놀라운 일이 일어났다. 스펄전이 회심한 것이다! 1850년 1월 6일이었다. 한 주도 지나지 않아 스펄전은 가장 먼저 어머니에게 편지를 썼다.

"오, 예수 그리스도를 위해 어떤 일을 하고자 소망해야 하나요?"

그는 '어떤 일'을 찾았으며 곧 전도지를 나누어 주었다. 그가 겪었던 구원에 대한 좌절은 지속적으로 그에게 영향을 주었다. 죄에 대한 인식은 마음속 깊이 새겨져 그로 하여금 경건한 모든 것을 사랑하도록 만들었다. 또한 그는 하나님께서 자신을 구원하신 것처럼 복음을 가장 진실되고 직접적으로, 이해하기 쉽게 설명할 수 있었다.

스펄전은 구원받은 그 해 8월, 학교를 캠브리지(Cambridge)로 옮기고, 1851년 5월 3일 캔트로우 목사에게 침례를 받는다. 또한 캠브리지의 침례교회에서 평신도들이 설교하는 설교자 모임에 가입했다. 모임의 회원들은 일정에 따라 순회 설교를 하도록 되어 있었다. 당시 모임의 회장은 제임스 빈터(James Vinter)였다.

빈터는 스펄전에게 주일학교 설교를 부탁했다. 이것을 계기로 그는 주일학교에서 가르치게 되었고 작은 기도 모임도 인도한다. 그의 설교 능력을 간파한 빈터는 일반 성도들을 위한 설교를 부탁하려고 했으나 거절할 것 같아 다른 방법을 생각해낸다. 그것은 스펄전보다 선배인 설교자를 동행시키고, 가는 도중에 스펄전에게 모든 계획을 전한 다음 설교해 줄 것을 요청한다는 것이었다.

스펄전은 선배의 요구를 몇 차례 거절했으나 물리치지 못하고 승낙하고 말았다. 설교의 경험이 없는 그로서는 당황스러운 일이었다. 그는 들녘을 걸으며 기도했다. 1851년 10월이었다.

"주님! 제 마음속에 있는 주 예수님의 따뜻한 마음을 여기 농촌 사람들에게 전하게 해 주십시오. 성령님께서 제 설교를 통하여 그저 왔다가 그저 돌아가는 사람이 한 사람도 없게 해 주십시오."

스펄전은 16살에 첫 설교를 하게 된다. 그의 첫 설교지는 캠브리지 근처 동네 테버샴(Teversham)의 오두막이었는데, 스펄전 일행이 도착했을 때 20명의 순진한 농장 주인들과 그들의 아내들이 기다리고 있었다. 찬송과 기도 그리고 성경 본문은 베드로전서 1장 7절을 삼았으며 '그러므로 그분의 소중함을 믿는 그대들에게'라는 제목으로 진지하고 실제적으로 설교하였다.

예배가 끝난 후 한 노인이 스펄전에게 나이를 물었다. 이 질문에 대해 그는 유명한 대답을 한다.

"저의 나이보다 제가 전한 예수 그리스도의 말씀에 더 신경을 쓰십시오."

그는 어렸을 적부터 설교자로 자라고 있었던 것이다(1851).

이렇게 시작한 스펄전의 설교는 설교자 모임의 제안에 따라 캠브리지에서 성도들의 설교자로서 13개 마을을 돌며 순회 설교를 하게 되었다. 예배를 인도하기 위해 종종 16km 이상을 걸어가기도 하였다. '소년 설교자'에 대한 명성은 빠르게 퍼져 나갔다.

그는 캠브리지 근처의 교회와 오두막, 노천이라도 가능한 곳이라면 설교했다. 어린 나이에도 그의 설교는 뛰어나서 누가 들어도 명백히 하늘로부터 온 것임을 알 수 있었다. 그가 설교하자 사람들이 회심하였고 천국에 대한 소망을 품었다.

특히 스펄전은 기도의 능력이 있었고 그 능력은 설교할 때마다 나타났다. 40명이던 성도 수가 100명, 또 450명으로 늘어났다. 성도들은 그를 사랑했다. 워터비치에서 목사로 2년 동안 사역하면서 스펄전의 명성은 런던까지 전해졌다.

조지 골드라는 사람이 당시 캠브리지 예배에 참가했다가 우연히 스펄전의 설교를 듣게 되었고, 감명을 받은 그가 런던 사우스워크의 뉴파크스트리트 침례교회(The New Park Street Chapel)에 추천한다. 그는 18살이던 해인 1853년 1월에 부임하게 된다.

칼빈주의적 신학과 신앙이 빠른 속도로 쇠퇴하기 시작했다. 스펄전은 이러한 개혁 신학의 쇠퇴를 지켜보면서 성경적인 교리가 회복되는 것만이 영국 교회가 다시 부흥될 것이라고 주장한다. 새로운 물결에 도전하여 하나님의 말씀을 수호하는 성경수호자(Bible keepers)였다

그 즈음 기독교에 대한 저항 세력들이 출현해 있었다. 1837년 영국은 빅토리아 여왕이 통치하면서 국가의 안정과 인구의

증가, 철도의 발달, 해외 식민지의 건설 등 국가 발전의 기초를 놓았다. 또 뉴턴식 과학주의, 로크식 합리주의 등 새로운 경향의 사상들이 등장하였고, 1859년 찰스 다윈의 진화론, 성경 고등비평(Higher Criticism) 등 기독교의 기초를 흔들고 있었다.

그가 런던에서 사역한 기간은 영국 부흥의 전조였다. 매우 쇠락했던 교회는 시간이 갈수록 성도들로 넘치게 된다. 목회 초창기에 주님을 영접한 수백 명 중에 아내도 포함되어 있었다.

1856년 스펄전과 결혼한 수잔나 톰슨(Susannah Thompson)은 일생 스펄전의 동역자였을 뿐만 아니라 헌신적인 아내이며 어머니였다. 쌍둥이 아들인 찰스(Charles)와 토마스(Thomas)을 두었는데 두 아들도 목회자와 복음 전도자로서 하나님의 나라와 의를 위해 헌신하였다. 그의 저서들을 관리하고 원고들을 곳곳으로 보내는 일은 아내 수잔나의 몫이었는데 그녀는 훌륭히 이 일을 감당하였다.

성도들을 변화시키는 그의 놀라운 능력으로 성도들

스펄전의 아내, 수잔나 톰슨

은 계속 늘어났으며 또 다시 새 교회를 짓기로 결정한다. 1861년 3월, 새 성전인 메트로폴리탄 터버내클(Metropolitan Tabernacle)교회를 봉헌하게 된다.

주일 예배 성도들이 4,500명이 넘게 되자 이보다 더 넓은 뮤직홀에서 예배드리자 첫 주일에 무려 2만2천 명이 몰려왔다. 당시 국교회에 반대하는 교회는 5천 명 이상 수용할 수 없었으나 스펄전 목사가 담임하는 교회는 평균 출석 교인 수가 5천 명이 넘었다. 스펄전이 사망할 즈음에는 5,307명이었다.

스펄전의 설교에 감동한 많은 청년들이 빈민가나 길거리에서 전도했다. 그들은 하나님을 향한 사랑과 복음의 열정이 강했으

메트로폴리탄 터버내클 교회

며 신학을 공부하고 싶은 마음 또한 간절했다. 이러한 청년들을 위해 스펄전은 컬리지(The Pastor's College)를 설립한다.

그의 비전은 신학자를 배출하는 것이 아니라 영혼 구원의 열정을 가진 복음주의 설교 사역자를 훈련하는 것이었다. 2년 교육과정을 마친 학생들을 통해 교회가 없는 곳에 교회를 세우도록 했다. 1866년, 스펄전컬리지 학생들이 런던에 개척한 교회는 무려 18개였다. 스펄전칼리지를 졸업한 80여 명의 사역자들의 목회 활동은 영국의 각 지역에서 두각을 나타냈는데, 어떤 학생은 18명인 교회를 800여 명에게 세례를 베푸는 교회로 성장시키기도 했다.

뮤직홀에서 예배드리자 첫 주일에 무려 2만2천 명이 몰려왔다.

스펄전의 영성은 예수 그리스도, 말씀, 기도, 교리, 은혜, 성령이었다. 그는 평생 매일 새벽에 기도하고 성경을 읽었다. 성도들의 심금을 울렸으며 헌신과 사랑, 격려, 축복이 기도 내용이었다. 그는 "내가 소유한 것 중에서 받지 않은 것은 하나도 없다"는 사실을 스스로 명심하기를 하나님께 간구하였다.

스펄전은 모든 사역을 하기 전에 가장 먼저 할 일은 '기도 훈련'이라고 가르쳤다. 교회에 생명력이 넘치려면 기도 모임이 중요하고 기도 모임을 살리면 교회와 성도 모두 회복한다고 강조했다. 그는 매 설교를 위해 수 시간을 기도했다. 항상 성경 본문

스펄전컬리지

스펄전의 서재

으로 강해 설교를 하였으며 3,600여 편의 설교는 중복해서 설교한 적이 없었다.

한 영혼을 사랑하는 마음은 그토록 많은 설교를 하는 과정에도 개인 전도하는 데 별도의 시간을 보낸 것을 보면 알 수 있다. 매주 화요일은 구원의 확신을 위한 개인 면담, 토요일은 복음을 위한 심방을 위해 일정을 비워둘 정도였다. 그는 가끔 금식기도 기간을 정하든지 특별기도의 달을 마련하기도 했다.

그는 기도의 사람이었다. 성도들도 그를 위해 주야로 기도했다. 그는 허드슨 테일러의 중국 선교를 후원했으며, 기도의 사람이자 고아들의 아버지인 조지 뮬러와 교제하며 그를 후원하기도 했다. 또한 여러 찬송가를 작사하여 성가집을 펴냈다.

스펄전의 설교는 이미 그가 살아 있을 때 속기로 기록되어 영국뿐만 아니라 미국에서도 출간되어 여러 언어로도 번역되었다. 평생 뉴파크스트리트 교회와 메트로폴리탄 터버내클 교회에서 전한 3,600편의 설교와 49권의 저서가 있다. 1865년에는 《검과 삽、The Sword and the Trowel》이라는 월간지를 창간하였고, 이를 통해 메트로폴리탄 터버내클 교회와 관련된 교회와 공동체들의 노력을 전하고, 올바른 성경적 진리를 확고하게 지지하고자 했다.

마틴 로이드 존스는 스펄전을 가리켜 '영국이 낳은 위대한 복

스펄전의 묘지

음 전도자이며 칼빈주의자'라고 했다. 한 편의 설교를 작성하기 위해 수백 권의 책을 참고했던 그의 서재에는 1만 2천 권 가량의 책이 있었는데 60~70%가 청교도 서적이었다.

스펄전은 1892년 1월 31일 프랑스 멘턴에서 주일 저녁 11시 5분에 하나님의 부르심을 받는다. 그는 죽음을 앞둔 병석에서도 마태복음 주석 작업을 마무리하고 있었다. 그의 나이 58세였다. 장례식은 2월 7일부터 11일까지 100,000명 이상의 사람들이 참석한 가운데 메트로폴리탄 교회에서 치러졌다. 스펄전이 설교할 때 쓰던 성경은 그의 관 위에, 구원으로 이끈 이사야서 45장 22절이 펼쳐진 채 놓여 있었다.

"땅의 모든 끝이여 내게로 돌이켜 구원을 받으라 나는 하나님이라 다른 이가 없느니라"

스펄전의 기도 레슨

초판 1쇄 발행 ㅣ 2013년 9월 05일
초판 4쇄 발행 ㅣ 2022년 2월 20일

지은이 ㅣ 찰스 스펄전
옮긴이 ㅣ 유재덕
발행인 ㅣ 강영란

편집 ㅣ 강혜미
사진 ㅣ 비비투아트테이먼트
디자인 ㅣ 노영현
경영지원 및 마케팅 ㅣ 이진호

펴낸곳 ㅣ 도서출판 샘솟는기쁨
주소 ㅣ 서울시 강남구 신사동 553-26(논현로156길) 성은빌딩 B-1층
전화 ㅣ 경영지원부 (02)517-2045   편집부(직통) 070-8119-3896
팩스 ㅣ (02)517-5125(주문)
이메일 ㅣ atfeel@hanmail.net

출판등록 ㅣ 2012년 6월 18일

ISBN 978-89-98003-05-0(03230)

• 책값은 뒤표지에 있습니다.
• 잘못 만들어진 책은 바꿔 드립니다.

「이 도서의 국립중앙도서관 출판시도서목록(CIP)은 서지정보유통지원시스템 홈페이지(http://seoji.nl.go.kr)와 국가자료공동목록시스템(http://www.nl.go.kr/kolisnet)에서 이용하실 수 있습니다.(CIP제어번호: CIP2013015304)」